VIELE VEGANE VARIANTEN

Joanna Karon

Schwäbisch vegetarisch

Über 50 gscheide Rezepte
von Gaisburger Marsch bis Maultaschen

Des isch em Buach

Das Schwabenland und seine Küche ...

... dafür kann ich mich immer wieder aufs Neue begeistern.

Ein **ofenfrischer Hefezopf**, nach dem es im ganzen Haus herrlich duftet, selbst gemachte deftige Käsespätzle, Grießschnitten, die an unsere Kindheit erinnern, selbst gemachte Brezeln, an denen wir schon im Kinderwagen geknabbert haben, der Duft von Semmelknödeln, der uns wieder 7 Jahre alt werden lässt und uns an den Esstisch unserer Oma versetzt. Kommen Sie da auch ins Schwärmen? Für mich sind das wahre Hochgenüsse. Altbewährte Klassiker und Rezepte, die über Jahrzehnte weitergegeben wurden und die uns automatisch in **Kindheitserinnerungen** schwelgen lassen.

Für mich bedeutet Kochen und Backen: Leben, Entspannung, Lebensqualität, Harmonie, Leidenschaft, Lernen und natürlich **Genuss**. Ich bin eine ausgesprochene Genießerin.
Allein der Duft von frisch Gebackenem oder der Duft bestimmter Gewürze zaubert mir ein Lächeln ins Gesicht. Schon als Kind habe ich gerne in der Küche gestanden und meiner Mutter beim Werkeln zugeschaut, die übrigens eine ausgesprochen gute Köchin und eine fantastische Bäckerin ist. Von ihr habe ich sicherlich meine **Liebe zum Kochen und Backen** vererbt bekommen. Gutes Essen spielte sowohl bei meinen Eltern als auch bei meinen Großeltern schon immer eine große Rolle, und das gemeinsame Essen am Tisch wurde immer sehr genossen.

Mit viel Herzblut habe ich im Sommer 2013 meinen Food-Blog „**die Küchenzuckerschnecke**" gestartet. Dort kann ich meine Leidenschaft zum Kochen und Backen ausleben und meine Leser mit selbst gemachten Köstlichkeiten und den dazugehörigen Rezepten versorgen. Damals fing ich damit an, eine Art Rezeptsammlung für Familie und Freunde anzulegen, denn alle waren schon immer sehr gespannt, wenn ich mal wieder mit Leckereien um die Ecke kam und wollten dann unbedingt das Rezept haben. Außerdem bin ich **süchtig nach neuen Rezepten** und sammle diese schon seit meiner Jugend – so konnte ich zudem eine Art Datenbank für Rezepte aufbauen.

Damals ahnte ich noch nicht, welche Möglichkeiten mir dieser Blog bieten würde. Nach gut einem Jahr unterschrieb ich mit zitternden Fingern den Vertrag für dieses Buch, küsste den Umschlag bevor ich den Vertrag in den Briefkasten warf, und noch nie wurde in meiner Küche so oft und viel schwäbisch gekocht, gebacken und **experimentiert** als in dieser Zeit. Jedoch hat sich meine Familie nie be-

schwert, sondern hat eher das ein oder andere Gramm mehr auf den Hüften.

Mit den Rezepten in diesem Buch möchte ich Ihnen zeigen, das auch schwäbisch vegetarisch geht und man sich trotz Fleischverzicht ausgewogen und gesund ernähren kann. Und vor allem, dass die schwäbische Küche **familientauglich** ist und auch Kindern schmeckt. Die meisten Rezepte gelingen ganz **leicht** und kommen mit wenigen Zutaten und vor allem ohne exotische Spezialprodukte aus.

Ich freue mich, Ihnen in diesem Buch eine Auswahl **meiner Lieblingsrezepte** der schwäbischen Küche präsentieren zu dürfen, und vielleicht kann ich Sie mit meiner Leidenschaft fürs Kochen und Backen und für die schwäbische bodenständige Küche etwas anstecken.

Viel Spaß beim Schmökern, gutes Gelingen und guten Appetit wünscht Ihnen

Joanna Chanon

Damit Ihnen beim Kochen oder Backen alles gut gelingt, habe ich noch ein paar kleine **Tipps und Anmerkungen** zu meinen Rezepten:

- Lesen Sie sich die Zutatenliste und das Rezept gut durch. Stellen Sie alle Zutaten auf die Arbeitsfläche, so wird nichts vergessen oder übersehen.
- Die angegebene **Zubereitungszeit** ist nur ein **Durchschnittswert**, die Backzeit kommt gegebenenfalls dazu.
- Falls nicht anders angegeben sind alle Rezepte **für 4 Personen** vorgesehen.
- Verwenden Sie möglichst **saisonale** und **heimische Produkte**, denn diese haben den vollen Geschmack.
- Lebensmittel wegzuwerfen, finde ich viel zu schade. Deshalb stelle ich Ihnen einige Vorschläge vor, wie man aus sogenannten „Resten" neue interessante Gerichte zaubern kann – „aus eins mach zwei".
- Einige Rezepte enthalten auch weitere Ideen als **Variante** zum Grundrezept.
- Ein paar Tipps für vegane Versionen sind natürlich auch mit dabei.
- Wenn Sie dem Kochen und Backen Ihre volle Aufmerksamkeit und **Liebe** widmen, gelingt Ihnen alles am besten!

Vesper und pikant Gebackenes

Manchmal gibt es nichts besseres als herzhaftes Gebäck, das frisch aus dem Backofen kommt und herrlich duftet. Da ist es klar, dass diese Köstlichkeiten gleich verspeist werden wollen. Denn wer kann knusprigen Seelen, Mitschele oder Dinnete schon widerstehen?

braucht etwas Zeit · super für to go · prima Fingerfood

Zubereitungszeit:
ca. 1 Stunde +
1 Stunde Gehzeit

Frisch gebackenes Laugengebäck mit …

Laugenbrötchen oder Brezeln vom Bäcker oder aus dem Tiefkühlfach? Viel besser: do it yourself! Schließlich lässt sich dieses leckere Gebäck auch selbst herstellen. Ein Rezept für leckeren, frühlingshaften Aufstrich, der perfekt zu Laugengebäck passt, finden Sie auf der nächsten Seite.

Für 12 Brezeln / 15 Laugenbrötchen:
1 Würfel frische Hefe
1 TL Zucker
300 ml Wasser
500 g Mehl Type 550
2 TL Salz
40 g geschmolzene Butter

Für die Natronlauge:
1 l Wasser
50 g Kaisernatron
grobes Meersalz zum Bestreuen

Und so geht's:
Die Hefe zerbröseln. Hefe, Zucker und 3 EL Wasser in einer Tasse vermischen und ca. 15 Minuten stehen lassen. Mehl mit restlichem Wasser, Salz, Butter und der Hefemischung zu einem glatten Teig verkneten. Teig mit einem Küchentuch abdecken und ca. 1 Stunde ruhen lassen, bis sich das Volumen des Teiges fast verdoppelt hat.

Teig auf eine bemehlte Arbeitsfläche geben und in 12-15 Portionen teilen. Für Brezeln die Teigstücke zu ca. 50 cm langen Strängen rollen, die an den Enden deutlich dünner zulaufen und Brezeln daraus formen. Oder aus den Teigstücken Brötchen oder Stangen formen. Teiglinge mit einem Geschirrtuch abdecken und weitere 30 Minuten gehen lassen. Wenn möglich, sollte man den Teig länger an einem kühlen Ort ruhen lassen, dadurch wird die Lauge besser aufgenommen.

Den Backofen auf 180 °C (Ober- und Unterhitze) vorheizen.

Wasser und Natron in einen großen Topf geben und kurz aufkochen (Vorsicht, es könnte stark aufschäumen). Teiglinge auf eine große Schöpfkelle legen und 30 Sekunden in das heiße Wasser geben. Wieder herausnehmen, abtropfen lassen und mit genug Abstand auf ein mit Backpapier belegtes Backblech setzen. Mit einem scharfen Messer in den Brezelbauch längs, Laugenbrötchen kreuzweise oder Laugenstangen mehrmals schräg einschneiden. Das Gebäck mit grobem Meersalz bestreuen und im Backofen ca. 18-20 Minuten backen. Anschließend vollständig abkühlen lassen.

VARIANTE

Sie können das Laugengebäck vor dem Backen auch mit Sesam, Mohn, Kümmel oder geriebenem Käse bestreuen.

super für to go — prima Fingerfood

Zubereitungszeit:
ca. 25 Minuten

… leckerem Spargelaufstrich

Grüner Spargel, Quark, Frischkäse und frische Kräuter. Eine herrliche Kombination für einen leckeren Aufstrich – da kommen auch Nicht-Vegetarier voll auf ihre Kosten. Wir genießen im Frühling den selbst gemachten Spargelaufstrich sehr gerne mit frisch gebackenem Laugengebäck.

Für den Spargelaufstrich:

500 g grüner Spargel
3 EL Rapskernöl
1 kleine Zwiebel
1 Knoblauchzehe
2 EL Rapskernöl
150 g Quark (20 % Fett)
150 g Doppelrahmfrischkäse
2 EL Schnittlauch, fein geschnitten
2 EL Petersilie, fein gehackt
Salz
schwarzer Pfeffer
1 Prise frisch geriebene Muskatnuss

Und so geht's:

Spargel waschen und die holzigen Enden entfernen. Spargelstangen klein schneiden und im heißen Öl in einer Pfanne rundherum ca. 7 Minuten anbraten. Die eine Hälfte vom Spargel in kleine Würfel schneiden und die andere Hälfte mit einem Stabmixer pürieren.

Zwiebel und Knoblauch abziehen und in feine Würfel schneiden. 2 EL Öl in einer Pfanne erhitzen, darin Zwiebel und Knoblauch goldbraun rösten.

Pürierter und klein geschnittener Spargel, Zwiebel, Knoblauch, Quark und Frischkäse mischen. Schnittlauch und Petersilie unterrühren und kräftig mit Salz, Pfeffer und Muskat würzen.
Der Aufstrich hält sich im Kühlschrank bis zu 3 Tage lang frisch.

Herbstliche Variante mit Kürbis:
Für den Kürbisaufstrich 300 g Kürbis (ohne Kerne gewogen) in grobe Stücke schneiden, auf ein mit Backpapier belegtes Backblech legen und mit Rapskernöl bepinseln. Im Backofen bei 170 °C etwa 20 Minuten weich backen. Aus dem Ofen nehmen und abkühlen lassen. Anschließend mit dem Pürierstab fein pürieren. 1 kleine Zwiebel abziehen und fein würfeln. 1 EL Butter in einer Pfanne erhitzen und die Zwiebelwürfel darin glasig dünsten. 120 g Doppelrahmfrischkäse, Kürbispüree, 1 EL Kürbiskernöl und Zwiebeln verrühren. Etwas Thymian fein hacken, zum Aufstrich geben und mit Salz und Pfeffer abschmecken. Schmeckt auch lecker mit 1 EL gerösteten, grob gehackten Kürbiskernen bestreut.

GEHT AUCH VEGAN

Für die Brezeln statt Butter Margarine verwenden. Beim Spargelaufstrich Quark und Doppelrahmfrischkäse durch vegane Alternativen austauschen. Oder Sie nehmen 150 g Seidentofu (mit der Gabel zerdrückt oder püriert) und vermischen es mit 150 g veganem Frischkäse

gelingt leicht · super für to go · mögen Kinder gerne

Zubereitungszeit:
ca. 30 Minuten +
1 Stunde Gehzeit

Mitschele mit Luckeleskäs

Diese Kombination lässt sich wunderbar in die Arbeit für die kleine Pause mitnehmen. Übrigens ist Luckeleskäs gar kein Käse, sondern Quark. Früher wurden die Küken, im schwäbischen auch Luckele genannt, mit Quark gefüttert – so hat dieser Aufstrich seinen Namen bekommen.

Für ca. 10 Mitschele:
1 Würfel Hefe
100 ml kalte Milch
500 g Mehl Type 550
200 ml lauwarmes Wasser
10 g Salz
1 TL Zucker
75 g weiche Butter
1 Ei

Für den Luckeleskäs:
250 g Quark
200 g Schmand
30 g Sahne
1 kleine Knoblauchzehe
½ Bund Petersilie, fein gehackt
½ Bund Schnittlauch, fein geschnitten
3 EL Rapsöl
1 Spritzer Zitronensaft
Salz
schwarzer Pfeffer
gemahlener Kümmel

Und so geht's:
Für die Mitschele die Hefe zerbröckeln und in der Milch auflösen. Mehl, Salz, Zucker, Wasser und weiche Butter in eine Rührschüssel geben. Die Hefemilch hinzufügen, vermischen und zu einem glatten Teig verkneten. Teig zugedeckt ca. 45 Minuten ruhen lassen.

Den Teig nochmal durchkneten und in 10 gleich große Stücke teilen. Die Teigstücke zu ovalen Teilen formen, die an den Enden leicht spitz zulaufen. Die Mitschele auf ein mit Backpapier belegtes Backblech setzen, mit einem Geschirrtuch zudecken und weitere 15 Minuten ruhen lassen.

Den Backofen auf 180 °C (Umluft) vorheizen. Ei verquirlen und die Mitschele damit bestreichen. Mit einem scharfen Messer vier Schnitte in Form einer Raute einschneiden und weitere 20 Minuten ruhen lassen. Die Mitschele im Backofen ca. 15 Minuten backen.

Für den Luckeleskäs Quark, Schmand und Sahne glatt rühren. Knoblauch abziehen und sehr fein hacken. Kräuter, Knoblauch, Öl und Zitronensaft zugeben, gut vermischen und mit Salz, Pfeffer und etwas Kümmel abschmecken.

Passt super zu:
Pellkartoffeln oder als Dip zu Kräckern oder Gemüsesticks.

GEHT AUCH VEGAN

Für die Mitschele Milch durch vegane Milch ersetzen. Für den Luckeleskäs Quark durch pürierten Seidentofu ersetzen. Anstelle von Schmand vegane dickliche Schmandalternative verwenden und Sahne durch vegane Sahne ersetzen.

braucht Zeit · super für to go · prima Fingerfood

Zubereitungszeit:
ca. 1 Stunde +
1 Stunde Gehzeit

Kartoffelbrot mit Zwiebelschmalz

Selbst gebackenes Brot schmeckt herrlich. Es ist schnell gemacht, innen wunderbar saftig und außen schön kross. Sogar auf Zwiebelschmalz brauchen wir Vegetarier nicht verzichten. Dieser passt perfekt zu frisch gebackenem Brot.

Für 1 großes Brot oder 2 kleine:
250 g Kartoffeln
300 ml lauwarmes Wasser
1 Würfel frische Hefe
270 g Mehl Type 550
270 g Dinkelvollkornmehl
1 EL Salz
1 TL Zucker

Für das Zwiebelschmalz:
2-3 Zwiebeln
100 ml Sonnenblumenöl
200 g Kokosfett
1 TL Salz (Rauchsalz passt auch sehr gut)
1 EL Majoran, getrocknet
1 EL Petersilie, getrocknet

Und so geht's:
Für den Teig die Kartoffeln mit Schale in Salzwasser gar kochen, abgießen und abkühlen lassen. Kartoffeln pellen und durch eine Kartoffelpresse drücken oder stampfen. Hefe zerbröckeln und in lauwarmem Wasser auflösen und 15 Minuten stehen lassen. Beide Mehlsorten, Salz, Zucker und Kartoffeln in eine Schüssel geben, die Hefe dazugeben und alles gut durchkneten. Zugedeckt an einem warmen Ort ca. 45 Minuten gehen lassen.

Den Backofen auf 180 °C (Ober- und Unterhitze) vorheizen. Den Teig nochmal gut durchkneten und ein oder zwei Brotlaibe daraus formen. Diese auf ein mit Backpapier ausgelegtes Blech setzen und ca. 40 Minuten backen. Das Brot ist fertig, wenn man auf die Unterseite klopft und es hohl klingt. Das Brot vollständig auskühlen lassen.

Für das Zwiebelschmalz Zwiebeln abziehen und fein würfeln. Öl in einer Pfanne erhitzen und die Zwiebelwürfel darin ca. 5 Minuten dünsten, bis sie anfangen zu bräunen. Das Kokosfett schmelzen, Majoran, Petersilie, Zwiebeln und das Salz unterrühren. Abkühlen lassen und immer wieder umrühren. Wenn es beginnt fest zu werden, in ein Glas umfüllen. Das Zwiebelschmalz hält sich bis zu 4 Wochen im Kühlschrank. Vor dem Servieren ca. 1 Stunde aus dem Kühlschrank nehmen, damit es schön streichfähig ist.

braucht etwas Zeit · super für to go · vegan

Zubereitungszeit:
ca. 1 Stunde +
1 Stunde Gehzeit

Knusprige Seelen mit Linsen-Tomaten-Aufstrich

Für mich sind frische Seelen etwas Wunderbares und schlagen meiner Meinung nach jedes Baguette um Längen. Frisch schmecken sie natürlich am besten, vor allem, wenn sich ein köstlicher Aufstrich dazugesellt.

Für 4-6 Seelen:
20 g frische Hefe
½ TL Zucker
300 ml lauwarmes Wasser
500 g Dinkelmehl Type 630
1 gehäufter TL Salz
Kümmelsamen und grobes Salz
zum Bestreuen

Für den Linsen-Tomaten-Aufstrich:
100 g rote Linsen
1 kleine Zwiebel
1 Knoblauchzehe
1 große Tomate
8 getrocknete Tomaten
(in Öl eingelegt)
3 EL Öl
schwarzer Pfeffer
200 ml Gemüsebrühe
1 EL Petersilie, fein gehackt
1 EL Schnittlauch, fein geschnitten
1 Msp. Chilipulver
2 EL Tomatenmark
⅓ TL Paprikapulver
Salz

Und so geht's:
Für den Teig Hefe, Zucker und 4 EL lauwarmes Wasser in einer Tasse verrühren und ca. 5 Minuten stehen lassen. Mehl in eine große Schüssel sieben. Hefemischung, restliches Wasser und Salz hinzufügen und verkneten. Der Teig bleibt ein wenig klebrig. Den Teig zugedeckt an einem warmen Ort ca. 40 Minuten gehen lassen.

Den Teig auf einer bemehlten Arbeitsfläche kurz durchkneten. In 4-6 Portionen teilen, jedes Teigstück durchkneten, zu 30 cm langen und 6 cm breiten Strängen ziehen und auf ein mit Backpapier belegtes Backblech setzen. Weitere 20 Minuten zugedeckt an einem warmen Ort gehen lassen. Den Backofen auf 170 °C (Ober- und Unterhitze) vorheizen.

Die Seelen kurz vor dem Backen mit Wasser bepinseln und mit Salz und Kümmel bestreuen. Im Backofen ca. 20 Minuten backen.

Für den Aufstrich Linsen in einem Sieb waschen. Zwiebel und Knoblauch abziehen und klein schneiden. Tomate waschen und klein würfeln. Getrocknete Tomaten klein schneiden. Zwiebeln und Knoblauch im Öl anbraten. Linsen, Tomaten, getrocknete Tomaten und Gemüsebrühe zugeben. 15 Minuten köcheln lassen, bis die Linsen weich sind.

Die Linsen mit einem Stabmixer pürieren. Kräuter, Chilipulver, Tomatenmark und Paprikapulver zugeben und mit Salz und Pfeffer abschmecken.

MEIN TIPP

Die Seelen sollten noch eine schöne helle Farbe haben, sodass sie außen schön knusprig sind, aber innen einen luftigen, weichen Kern haben.
Der Aufstrich hält sich im Kühlschrank zugedeckt bis zu 4 Tage frisch.

braucht etwas Zeit prima Fingerfood

Zubereitungszeit:
ca. 1 Stunde +
1 Stunde Gehzeit

Zwiebelkuchen

Wenn es Herbst wird, alles glitzert so golden und die Luft riecht so gut, wird es Zeit, einen Zwiebelkuchen zu backen. Traditionell trinken wir dazu einen neuen Wein – einfach nur herrlich.

Für 1 Spring- oder Quicheform (Ø 26-28 cm):
½ Würfel Hefe
130 ml lauwarme Milch
½ TL Zucker
40 g Butter
250 g Mehl
½ TL Salz

Für den Belag:
600 g Zwiebeln
60 g Butter
1 TL Salz
2 EL Mehl
Butter für die Form
2 Eier
100 g Schmand
50 g Sahne
Pfeffer
Kümmelsamen nach Geschmack

Und so geht's:
Für den Teig die Hefe zerbröseln, in eine kleine Schüssel geben und mit 50 ml der angewärmten Milch und dem Zucker verrühren. Ca. 10 Minuten stehen lassen. Die Butter bei niedriger Temperatur schmelzen und etwas abkühlen lassen. Mehl, Butter, Milch, Salz und das Hefegemisch in eine Rührschüssel geben und alles zu einem Hefeteig verkneten. Zugedeckt an einem warmen Ort ca. 45 Minuten gehen lassen.

Für den Belag die Zwiebeln abziehen und klein schneiden. Zwiebeln in der Butter anbraten, Salz zugeben und 15 Minuten glasig dünsten. Das Mehl unterrühren und die Masse abkühlen lassen.

Den Backofen auf 170 °C (Umluft) vorheizen. Den Hefeteig nochmal durchkneten und rund ausrollen (Ø 30-32 cm). Die Backform fetten und den Hefeteig darin auslegen, dabei einen Rand hochziehen. Den Teig abgedeckt 15 Minuten gehen lassen.

Eier, Schmand, Sahne und Zwiebeln verrühren. Die Masse kräftig mit Salz und Pfeffer würzen. Nach Geschmack einige Kümmelsamen zugeben. Den Belag auf dem Hefeteig verteilen und glatt streichen. Den Zwiebelkuchen im vorgeheizten Backofen 35-40 Minuten backen.

MEIN TIPP

Wenn die Kümmelsamen Sie stören, geben Sie ca. 1/3 TL gemahlenen Kümmel zu den Zwiebeln. Oder 1 TL Kümmelsamen in einen Teebeutel geben, mit 4 EL heißem Wasser aufgießen, ziehen lassen und das Kümmelwasser zum Ei-Sahne-Schmand-Gemisch geben. Schmeckt fast nicht nach Kümmel, unterstützt den Bauch aber dabei, die Zwiebelladung zu verarbeiten.

gelingt leicht · mögen Kinder gerne

Zubereitungszeit:
ca. 50 Minuten +
30 Minuten Kühlzeit

Kartoffel-Kräuter-Kuchen

In meiner Familie lieben wir Kartoffeln über alles! Mit diesem Kuchen kommen alle Kartoffelfans voll auf ihre Kosten. Der herzhafte Kartoffelkuchen ist dank der Kräuter besonders köstlich und unsere ganze Familie hat ihn zum Fressen gern.

Für 1 Quiche- oder Tarteform (Ø 26-28 cm):

120 g Quark (20 % Fett)
6 EL Öl
6 EL Milch
230 g Mehl
1 TL Backpulver
½ TL Salz

Für die Füllung:

700 g Pellkartoffeln vom Vortag
1 mittelgroße Zwiebel
1 Knoblauchzehe
3 EL Öl
50 ml Milch
200 g Schmand
3 Eier
2 EL Petersilie, fein gehackt
2 EL Schnittlauch, fein geschnitten
100 g geriebener Emmentaler oder Gouda
Salz
schwarzer Pfeffer
frisch geriebene Muskatnuss

Und so geht's:

Für den Teig Quark, Öl und Milch in eine Schüssel geben. Mehl, Backpulver und Salz zugeben und mit den Knethaken des Handrührgeräts zu einem glatten Teig kneten. Zum Schluss den Teig noch einmal mit den Händen durchkneten. Den Teig in Frischhaltefolie wickeln und im Kühlschrank ca. 30 Minuten ruhen lassen.

Den Backofen auf 160 °C (Umluft) vorheizen. Für die Füllung die Pellkartoffeln pellen und grob reiben. Zwiebel und Knoblauch abziehen und fein hacken. Öl in einer Pfanne erhitzen und darin die Zwiebel und den Knoblauch glasig dünsten. Abkühlen lassen.

Milch, Schmand, Eier, Kräuter, Zwiebeln, Knoblauch und Käse in eine Schüssel geben und vermischen. Kräftig mit Salz, Pfeffer und Muskat abschmecken. Geriebene Kartoffeln unterrühren.

Den Teig auf der bemehlten Arbeitsfläche ausrollen und eine gefettete Quiche- oder Tarteform damit vollständig auslegen. Die Kartoffelmasse daraufgeben und glatt streichen. Den Kartoffel-Kräuter-Kuchen im Backofen 45-50 Minuten backen.

braucht etwas Zeit · mögen Kinder gerne

Zubereitungszeit:
ca. 40 Minuten +
30 Minuten Kühlzeit

Kürbis-Fenchel-Quiche

Mit seiner enormen Sortenvielfalt ist der Kürbis in der Küche vielseitig und leicht zu verarbeiten wie kaum ein anderes Gemüse. Hier gesellt sich der Kürbis zusammen mit Fenchel und Weintrauben in einer Quiche, die durch den grünen Mürbeteigboden ein toller Hingucker ist.

Für 1 Quicheform (Ø 26-28 cm):
50 g Kürbiskerne
170 g Mehl
80 g Butter
1 Ei
½ TL Salz
1 Prise schwarzer Pfeffer

Für die Füllung:
1 kleiner Kürbis (ca. 1 kg)
Salz
2 mittelgroße Zwiebeln
1 Knoblauchzehe
250 g Fenchel
3 EL Öl
100 g Weintrauben
4 Eier
200 g Sahne
100 g geriebener Gouda
schwarzer Pfeffer
frisch geriebene Muskatnuss
2 EL Semmelbrösel
3 EL Kürbiskerne zum Bestreuen

Und so geht's:
Für den Teig die Kürbiskerne im Mixer fein mahlen. Kürbiskerne, Mehl, Butter, Ei, Salz und Pfeffer zu einem glatten Mürbeteig verarbeiten. Teig zu einer Kugel formen, in Frischhaltefolie wickeln und im Kühlschrank 30 Minuten ruhen lassen.

Den Kürbis je nach Sorte schälen, entkernen und würfeln. 300 g davon mit etwas Wasser und 1 guten Prise Salz ca. 10 Minuten weich garen und mit einem Stabmixer pürieren.

Zwiebel und Knoblauch abziehen und fein würfeln. Fenchel waschen und in kleine Würfel schneiden. Öl in einer Pfanne erhitzen und zuerst die Zwiebeln mit dem Knoblauch darin goldbraun anbraten, Fenchel- und Kürbiswürfel dazugeben und alles ca. 5 Minuten unter Rühren anbraten. Mit Salz und Pfeffer abschmecken. Weintrauben waschen und halbieren.

Den Backofen auf 160 °C (Umluft) vorheizen. Eier, Sahne und Käse verquirlen. Gemüse und Kürbispüree untermischen und mit Salz, Pfeffer und Muskat abschmecken.

Mürbeteig auf der bemehlten Arbeitsfläche ausrollen und eine gefettete Quicheform damit vollständig auslegen. Semmelbrösel auf den Teig streuen. Gemüse-Eier-Mischung daraufgießen und glatt streichen. Weintrauben darauf verteilen, etwas eindrücken, mit Kürbiskernen bestreuen und im Backofen 45-50 Minuten backen.

braucht etwas Zeit · prima Fingerfood · mögen Kinder gerne

Zubereitungszeit:
ca. 45 Minuten +
1 Stunde Gehzeit

Dinnete mit Kartoffeln

Dinnete ist die schwäbische Variante des Flammkuchens. Wichtig ist, dass der Teig sehr dünn ausgewellt wird – das Wort „Dinnete" kommt von „dünn". Am besten schmeckt Dinnete aus dem Holzofen, lässt sich aber auch sehr gut im Backofen zubereiten.

Für 6-8 Dinnete:

10 g frische Hefe
300-340 ml lauwarmes Wasser
250 g Mehl Type 550
250 Dinkelmehl Type 1050
1 TL Salz
½ TL Zucker

Für den Belag:

4 Zwiebeln
2 große Kartoffeln
Salz
3 EL Öl
300 g saure Sahne
1 Ei
100 g grob geriebener Bergkäse (alternativ Gouda)

Und so geht's:

Für den Teig Hefe im Wasser auflösen. Beide Mehlsorten, Salz und Zucker in eine Schüssel geben, die Hefemischung hinzufügen und alles vermischen. So lange kneten, bis ein geschmeidiger Teig entstanden ist. Den Teig zugedeckt bei Zimmertemperatur ca. 1 Stunde gehen lassen.

Für den Belag Zwiebeln abziehen. Kartoffeln schälen und in sehr feine Scheiben schneiden. Die Kartoffelscheiben im kochendem Salzwasser ca. 2 Minuten garen und abgießen. Die Zwiebeln im Öl goldbraun anbraten. Saure Sahne und Ei verrühren und mit Salz abschmecken.

Den Backofen auf 180 °C (Umluft) vorheizen. Den Teig auf einer bemehlten Arbeitsfläche nochmal durchkneten und in 6-8 Portionen teilen.

Teig jeweils zu ovalen Fladen ausrollen und auf zwei mit Backpapier ausgelegte Bleche setzen. Teigfladen mit einem Geschirrtuch abdecken und weitere 15 Minuten gehen lassen. Anschließend mit der Eier-Sahne-Mischung bestreichen und mit Kartoffel- und Zwiebelscheiben belegen. Zuletzt mit Käse bestreuen. Dinnete im vorgeheizten Backofen 10-15 Minuten goldbraun backen.

VARIANTE:

Für Dinnete mit Kürbis 600 g Hokkaidokürbis in dünne Spalten schneiden und in etwas Öl von beiden Seiten rund 2 Minuten anbraten. Mit Salz und Pfeffer würzen. Teigfladen mit 200 g Crème fraîche bestreichen und mit den Kürbisspalten belegen. 150 g Blauschimmelkäse in kleine Stücke schneiden und über den Kürbis streuen. Mit frischem Thymian, Kürbiskernen und frisch gemahlenem schwarzem Pfeffer bestreuen und im Backofen ca. 15 Minuten backen.

gelingt leicht

Zubereitungszeit:
ca. 50 Minuten +
1 Stunde Kühlzeit

Wirsing-Quiche

Eine leckere Quiche, die man warm und kalt genießen kann. Die Wirsing-Quiche lässt nicht nur mein Herz, sondern auch das aller Kohlliebhaber höher schlagen.

Für 1 Springform (Ø 28 cm):
250 g Mehl
170 g Butter
½ TL Salz
schwarzer Pfeffer
1 Prise frisch geriebene Muskatnuss
1 Ei
Butter für die Form
2 EL Semmelbrösel

Für die Füllung:
800 g Wirsing
3 Zwiebeln
30 g Butter
Salz
schwarzer Pfeffer
frisch geriebene Muskatnuss
4 Eier
150 ml Milch
150 g Sahne
150 g geriebener Gouda

Und so geht's:
Für den Teig Mehl, Butter, Salz, Pfeffer, Muskat und das Ei in eine Rührschüssel geben und mit den Händen rasch zu einem glatten Mürbeteig verkneten. Den Teig in Frischhaltefolie wickeln und 1 Stunde kalt stellen.

Für die Füllung den Wirsing putzen, waschen und in feine Streifen schneiden. Zwiebeln abziehen und klein würfeln. Butter in einer Pfanne erhitzen, Wirsing und Zwiebeln darin 5 Minuten andünsten. Anschließend auf einem Sieb gut abtropfen und abkühlen lassen. Wirsing in eine Schüssel geben und mit Salz, Pfeffer und Muskat würzen. Eier, Milch und Sahne verquirlen und mit Salz, Pfeffer und Muskat würzen.

Den Backofen auf 160 °C (Umluft) vorheizen. Den Teig auf einer bemehlten Arbeitsfläche ausrollen (Ø 30 cm), in eine gefettete Springform legen und einen ca. 2 cm hohen Rand hochziehen. Teig leicht andrücken und die Semmelbrösel aufstreuen.

Wirsing, geriebenen Käse und die Eiersahne vermischen, nochmal abschmecken und auf den Teig gießen. Die Wirsing-Quiche im Backofen ca. 50 Minuten backen. Etwas abkühlen lassen und noch warm oder kalt servieren.

Variante mit Spitzkohl:
Der Wirsing lässt sich auch durch 800 g Spitzkohl oder Weißkohl ersetzen.

gelingt leicht · mögen Kinder gerne

Zubereitungszeit:
ca. 40 Minuten +
30 Minuten Kühlzeit

Petersilienrahmkuchen

Im Herbst gibt es bei uns zu neuem Wein traditionell einen Zwiebelkuchen. Aber warum nicht mal etwas Neues ausprobieren? Mein Vorschlag: Petersilienrahmkuchen. Der schmeckt auch Kindern sehr gut, die dann natürlich eine Apfelsaftschorle dazu genießen dürfen.

Für 1 Springform (Ø 26–28 cm):
300 g Mehl
½ TL Salz
100 g Butter
2 Eier
Butter für die Form

Für die Füllung:
1 Bund glatte Petersilie
4 Eier
400 g Schmand
Salz
schwarzer Pfeffer
frisch geriebene Muskatnuss

Und so geht's:
Für den Teig Mehl, Salz, Butter und Eier in eine Rührschüssel geben und alles erst mit den Knethaken des Handrührgeräts, dann mit den Händen zu einem glatten Teig verkneten. Den Teig in Frischhaltefolie wickeln und 30 Minuten kühl stellen.

Für die Füllung die Petersilie waschen, trockenschwenken, zupfen und klein hacken. Eier und Schmand verquirlen. Gehackte Petersilie unterrühren und kräftig mit Salz, Pfeffer und Muskat würzen.

Den Backofen auf 180 °C (Umluft) vorheizen. Den Teig auf einer bemehlten Arbeitsfläche etwas größer als die Form ausrollen. Die Form einfetten und den Teig hineinlegen, dabei einen niedrigen Rand formen. Die Schmandmischung hineingießen.

Den Petersilienrahmkuchen im Backofen ca. 40 Minuten backen. Entweder heiß oder lauwarm servieren, abgekühlt schmeckt er auch lecker.

Variante mit mehr Kräutern:
Neben der Petersilie noch zusätzlich ½ Bund in Röllchen geschnittenen Schnittlauch und ½ Bund fein gehackten Dill zum Schmand geben.

Salate und Leckeres aus der Suppenschüssel

Immer wenn der kleine Hunger anklopft, reicht uns etwas Leichtes, das nicht schwer im Magen liegt. Salate sind eine gute Wahl, wenn wir Appetit auf etwas Frisches haben. Und warme Suppen wärmen uns Löffel für Löffel von innen, ob Flädlesuppe, Kartoffelsuppe oder Gaisburger Marsch.

braucht etwas Zeit mögen Kinder gerne

Zubereitungszeit:
ca. 1 ½ Stunden

Gemüsebrühe mit Kräuterflädle

Gemüsebrühe habe ich als kleines Kind schon geliebt. Vor allem wenn noch Flädle oder feine Nudeln hineinkamen – mit Brei konnten mich meine Eltern jagen. Meine Vorliebe für Suppen habe ich an meine Tochter weitergegeben, die mittlerweile auch ein großer Suppenkasper ist.

Für ca. 2 Liter Brühe:

3 Karotten
1 Knolle Fenchel
1 kleine Sellerieknolle mit Grün
2 Petersilienwurzeln mit Grün
1 Stange Lauch
3-4 getrocknete Pilze
2 große Zwiebeln
1 Knoblauchzehe
2 l Wasser
3 Lorbeerblätter
1 TL schwarze Pfefferkörner
5 Pimentkörner
1 TL getrocknetes Bohnenkraut
Salz
3 Wacholderbeeren
2 Thymianzweige

Für die Kräuterflädle:

20 g Butter
2 Eier
70 g Mehl
150 ml Milch
½ TL Salz
½ Bund Petersilie
½ Bund Schnittlauch
Öl für die Pfanne

Und so geht's:

Karotten schälen und in grobe Stücke schneiden. Fenchel waschen und grob zerkleinern. Sellerieknolle und Petersilienwurzeln schälen, abspülen und in grobe Stücke schneiden, dabei das Grün abschneiden und gründlich waschen. Lauch waschen und in grobe Ringe schneiden. Getrocknete Pilze gründlich abspülen.

Zwiebeln und Knoblauch waschen, halbieren und auf den Schnittflächen in einem großen Topf ohne Fett ca. 1 Minute kräftig bräunen. 2 l Wasser zugeben und das Gemüse zufügen. Lorbeerblätter, Pfefferkörner, Pimentkörner, Bohnenkraut, Wacholderbeeren und Thymianzweige zugeben und aufkochen. 60 Minuten ohne Topfdeckel bei kleiner Hitze köcheln lassen.

Die Brühe mit Salz abschmecken und weitere 30 Minuten ziehen lassen. Brühe durch ein feines Sieb oder am besten durch ein Tuch gießen.

Für die Kräuterflädle die Butter zerlassen. Eier und Mehl mit einem Schneebesen verrühren. Milch, Salz und flüssige Butter unterrühren. Petersilie waschen, zupfen und fein hacken. Schnittlauch waschen und in feine Röllchen schneiden. Kräuter unter den Teig rühren. In einer beschichteten Pfanne mit etwas Öl 4-5 Pfannkuchen backen. Pfannkuchen aufrollen, abkühlen lassen, in 1 cm breite Scheiben schneiden und in der heißen Gemüsebrühe servieren.

MEIN TIPP:

Da eine klare Gemüsebrühe Grundlage vieler Saucen und anderer Suppen ist, kann diese auch in Tassen oder kleinen gefriergeeigneten Plastikdosen eingefroren und bei Bedarf wieder aufgetaut werden. Eingefroren hält sie sich bis zu 10 Monate.

gelingt leicht · mögen Kinder gerne

Zubereitungszeit:
ca. 45 Minuten

Cremige Kartoffelsuppe mit Brezelcroûtons

Wir lieben sie alle, diese sämige Kartoffelsuppe, die uns an kalten Tagen wärmt und uns ein wohliges Gefühl beschert. Die cremige Kartoffelsuppe wird zusätzlich mit kross angebratenen Brezelcroûtons aufgepeppt.

Für 4 Personen:
1 mittelgroße Zwiebel
2 EL Butter
800 g Kartoffeln
100 g Knollensellerie
1 Karotte
100 g Lauch
1,2 l Gemüsebrühe
1 Lorbeerblatt
200 g Sahne
Salz
schwarzer Pfeffer
frisch geriebene Muskatnuss

Für die Croûtons:
2 Brezeln
4-5 EL Butter
2 EL Petersilie oder Schnittlauch, fein gehackt

Und so geht's:

Zwiebel abziehen, fein würfeln und in einem großen Topf in der Butter andünsten. Kartoffeln, Knollensellerie und Karotte schälen und in grobe Würfel schneiden. Lauch gründlich waschen, putzen und in Ringe schneiden. Das Gemüse zu den Zwiebeln geben und etwas anbraten. Mit Gemüsebrühe ablöschen, Lorbeerblatt dazugeben und alles bei mittlerer Hitze ca. 25 Minuten köcheln lassen.

Lorbeerblatt entfernen. Suppe pürieren und Sahne unterrühren. Mit Salz, Pfeffer und Muskat abschmecken.

Für die Croûtons Brezeln in ca. 1 cm große Würfel schneiden. Butter in einer Pfanne zerlassen und die Brezelwürfel darin von allen Seiten anbraten, bis sie eine schöne bräunliche Farbe bekommen haben.

Kartoffelsuppe mit Brezelcroûtons anrichten und mit gehackter Petersilie oder Schnittlauchröllchen bestreut servieren.

Geht auch vegan
Anstelle von Butter Margarine verwenden und anstatt Sahne vegane Sahne nehmen.

MEIN TIPP:

Sie können die Brezeln auch in Scheiben schneiden und dann in Butter von beiden Seiten anbraten. Oder für die Croûtons auch Laugenbrötchen oder -stangen verwenden. Wer es etwas würziger mag, bestreut die Suppe mit frisch gemahlenen roten Pfefferbeeren.

braucht etwas Zeit mögen Kinder gerne

Zubereitungszeit:
ca. 30 Minuten +
1 Stunde Trockenzeit

Riebelesuppe

Ein traditionelles Gericht, das die Oma einer alten Freundin am besten zubereiten konnte. Da ich diese Suppe bei ihr sehr mochte, durfte ich nach der Schule immer, wenn es diese Suppe zum Mittagessen gab, einen kurzen Zwischenstopp einlegen.

Für 4 Personen:
1 Ei
1 Prise Salz
1 Prise schwarzer Pfeffer
1 Prise frisch geriebene Muskatnuss
100 g Mehl
1,5 l Gemüsebrühe
½ Bund Schnittlauch
½ Bund Petersilie

Und so geht's:
Ei, Salz, Pfeffer und Muskat verquirlen. Das Mehl dazugeben und zu einen festen Nudelteig kneten. Jetzt entweder mit den Händen zu kleinen Krümeln zerreiben oder den Teig mithilfe einer groben Gemüsereibe zu kleinen Teigstückchen verarbeiten – dabei immer nur in eine Richtung reiben. Riebele auf einem Geschirrtuch ausbreiten und ca. 1 Stunde trocknen lassen.

½ l Salzwasser zum Kochen bringen. Temperatur herunterschalten und die Riebele darin ca. 5-8 Minuten garen.

Gemüsebrühe in einem Topf erwärmen. Schnittlauch in feine Ringe schneiden, Petersilie fein hacken. Fertige Riebele mit einer Schöpfkelle aus dem Wasser nehmen und in die warme Brühe geben. Suppe auf Tellern anrichten und mit Kräutern bestreuen.

gelingt leicht

Zubereitungszeit:
ca. 45 Minuten

Spargelcremesuppe

Wenn der erste Spargel auf den Markt kommt, freue ich mich immer wie ein kleines Kind und muss unbedingt zuerst eine Spargelcremesuppe kochen. Da wir heimischen Spargel nur kurze Zeit im Jahr genießen können, schmeckt dieser umso mehr.

Für 4 Personen:

1 kg weißer Spargel
Salz
1 TL Zucker
1 l Wasser
2 Schalotten
40 g Butter
2 EL Mehl
400 ml Gemüsebrühe
100 ml Milch
schwarzer Pfeffer
100 g Sahne
½ Kästchen frische Kresse

Und so geht's:

Spargel waschen und schälen. Die Enden knapp abschneiden. Die Spargelschale mit Salz und Zucker in 1 l Wasser 20 Minuten kochen. Spargelsud in ein Sieb gießen und 750 ml Sud abmessen. Die Spargelspitzen abschneiden.

Spargelsud zurück in den Topf geben, die Spargelspitzen zugeben und 2 Minuten in dem Spargelsud sprudelnd kochen lassen. Herausnehmen und abtropfen lassen. Den restlichen Spargel in kleine Stücke schneiden.

Schalotten abziehen und in Würfel schneiden. In der heißen Butter glasig dünsten. Die Spargelstücke hinzufügen und mitdünsten. Das Mehl darübersieben, verrühren und anschwitzen. Den heißen Spargelsud, die Gemüsebrühe und die Milch unter Rühren zugießen und alles 15 Minuten kochen.

Die Suppe mit einem Stabmixer pürieren und eventuell durch ein feines Haarsieb streichen. Mit Salz und Pfeffer abschmecken. Die Sahne steif schlagen. Die Suppe auf Teller verteilen, die Spargelspitzen hineingeben und auf jede Portion 1 Löffel geschlagene Sahne geben. Auf das Sahnehäubchen jeweils etwas Pfeffer mahlen und mit frisch geschnittener Kresse bestreuen.

GEHT AUCH VEGAN

Butter durch Margarine ersetzen und anstatt Milch und Sahne vegane Milch- und Sahnealternative verwenden.

braucht etwas Zeit

Zubereitungszeit:
ca. 1 Stunde

Gaisburger Marsch

Angeblich durften Frauen im Stuttgarter Stadtteil Gaisburg ihren im Krieg gefangenen Männern jeden Tag genau einen Teller Essen bringen. Damit ihre Männer wieder zu Kräften kamen, wurde in den herzhaften Eintopf alles hineingegeben, was satt macht und nahrhaft ist.

Für 4 Personen:
500 g Kartoffeln
Salz
2 Karotten
150 g Knollensellerie
1,5 l Gemüsebrühe
1 Stange Lauch
schwarzer Pfeffer
frisch geriebene Muskatnuss
3 Zwiebeln
3 EL Butter
1 Prise Zucker
300 g gegarte Spätzle (Umschlagklappe vorne)
2 EL Petersilie, fein gehackt

Und so geht's:
Kartoffeln schälen, in Spalten oder Würfel schneiden und in Salzwasser ca. 7-9 Minuten bissfest kochen. Kartoffeln abgießen und ausdampfen lassen. Karotten und Knollensellerie putzen, waschen und in Würfel schneiden. Gemüsebrühe zum Kochen bringen und Karotten- und Selleriewürfel darin ca. 5 Minuten köcheln lassen. Lauch waschen, putzen und in Ringe schneiden. Ebenfalls zur Brühe geben und weitere 3 Minuten köcheln lassen. Mit Pfeffer, etwas Muskat und Salz würzen.

Zwiebeln abziehen, in Ringe schneiden und in eine Pfanne geben. Butter, Zucker und 1 Prise Salz hinzufügen und 7 Minuten goldgelb anbraten.

Kartoffeln und Spätzle zur Brühe geben und weitere 5 Minuten ziehen lassen (nicht mehr kochen). Den Gaisburger Marsch mit den angebratenen Zwiebelringen und feingehackter Petersilie servieren.

Variante mit Pilzen:
Mit 300 g angebratenen Champignons schmeckt der Gaisburger Marsch auch sehr gut.

Geht auch vegan
Anstatt Butter Margarine oder 4 EL Öl verwenden. Und auf der Umschlagklappe hinten finden Sie ein Rezept für vegane Spätzle.

MEIN TIPP:

Schneller geht es, wenn Sie bereits am Vortag gekochte Kartoffeln verwenden. Sie können noch vegetarische Würstchen hineinschneiden oder angebratene Tofustücke zugeben.

gelingt leicht   mögen Kinder gerne

Zubereitungszeit:
ca. 40 Minuten

Kürbiscremesuppe

Jedes Jahr freue ich mich aufs Neue, wenn es im Herbst wieder Kürbisse gibt. Und jedes Jahr muss ich als allererstes diese leckere Kürbiscremesuppe kochen, die leider nie lang überlebt. Dann wird es wieder Zeit, für Nachschub zu sorgen.

Für 4 Personen:
1 kg Hokkaidokürbis
1 kleine Zwiebel
1 Stück Ingwer (ca. 2 cm)
Öl zum Braten
1 l Gemüsebrühe
150 g Sahne
40 g eisgekühlte Butter (in kleinen Würfeln)
Salz
schwarzer Pfeffer

Außerdem:
Crème fraîche
Kürbiskernöl
geröstete Kürbiskerne

Geht auch vegan
Die Sahne durch vegane Sahne und die Butter durch Margarine ersetzen oder Letzteres auch ganz weggelassen.

Und so geht's:
Kürbis waschen, halbieren, mit einem Löffel das weiche Innere und die Kerne herausschaben und das Fruchtfleisch in kleine Stücke schneiden. Zwiebel abziehen und Ingwer schälen. Zwiebel und Ingwer in dünne Scheiben schneiden.

Kürbis, Zwiebel und Ingwer in einem großen Topf 2-3 Minuten im heißen Öl anschwitzen. Mit Gemüsebrühe ablöschen und ca. 20 Minuten bei mittlerer Hitze köcheln lassen.

Kürbissuppe mit einem Stabmixer fein pürieren. Die Sahne dazugeben und nochmal kurz aufkochen. Mit Salz und Pfeffer würzen. Vom Herd nehmen, die kalten Butterstücke zugeben und untermixen. Das gibt der Suppe eine tolle sämige Konsistenz.

Die Kürbissuppe auf Teller verteilen, mit einem Klecks Crème fraîche, Kürbiskernöl und gerösteten Kürbiskernen servieren.

Variante für Gäste:
Falls Sie Ihren Gästen die Kürbiscremesuppe besonders hübsch servieren möchten, können Sie diese zu zwei Dritteln in Latte-Macchiato-Gläser füllen und auf die Suppe aufgeschäumte Milch verteilen und mit etwas Petersilie garnieren.

MEIN TIPP:

Wenn Sie es gerne scharf mögen, fügen Sie 1 Chilischote hinzu. Dafür Chilischote waschen, entkernen, in kleine Würfel schneiden und mitkochen.

gelingt leicht mögen Kinder gerne

Zubereitungszeit:
ca. 30 Minuten

Gebrannte Grießsuppe mit Gemüse und Croûtons

Als ich diese Suppe das erste Mal probiert habe, war ich am Anfang schon etwas skeptisch, ob Grieß in einer Suppe schmeckt. Doch ich wurde sehr positiv überrascht, denn sie schmeckt durch den gerösteten Grieß sehr aromatisch.

Für 4 Personen:
1 Zwiebel
1 Bund Suppengrün
60 g Butter
2 EL Rapskernöl
70 g Hartweizengrieß
1 ½ l Gemüsebrühe
1 Lorbeerblatt
etwas Liebstöckel
Salz
schwarzer Pfeffer
1 Prise Muskatnuss, frisch gerieben
Petersilie, fein gehackt

Für die Croûtons:
4 Scheiben Vollkornbrot
2 EL Butter

Und so geht's:
Die Zwiebel abziehen. Das Suppengrün waschen, putzen, ggf. schälen und in feine Würfel schneiden. Butter und Öl in einen Suppentopf geben und erhitzen. Zwiebelwürfel und Grieß darin unter Rühren hellbraun anbraten.

Das Gemüse dazugeben und alles unter Rühren anbraten, bis der Grieß etwas dunkler geworden ist. Mit Gemüsebrühe ablöschen, Lorbeerblatt und Liebstöckel dazugeben und weitere 10-15 Minuten köcheln lassen. Lorbeerblatt entfernen, die Suppe mit Salz, Pfeffer und Muskatnuss abschmecken und etwas ziehen lassen.

Für die Croûtons das Vollkornbrot in Würfel schneiden. Butter in einer Pfanne erhitzen und die Brotwürfeln darin schön braun anbraten.

Die Suppe nochmal erwärmen und evtl. etwas nachwürzen. Die Suppe in Tellern mit Croûtons und gehackter Petersilie anrichten.

Geht auch vegan
Die Butter kann man ganz einfach durch Margarine ersetzen.

braucht etwas Zeit   vegan

Zubereitungszeit:
50 Minuten +
8 Stunden
Einweichzeit

Linseneintopf

Bei diesem Klassiker behauptet wohl fast jede Familie, ihr Rezept sei das Beste von allen. Da können sich die Gemüter lange streiten, aber das Einzige, worüber sich wirklich alle einig sind: Aufgewärmt am nächsten Tag schmeckt Linseneintopf noch viel besser.

Für 4-6 Personen:
200 g Tellerlinsen
1 mittelgroße Zwiebel
500 g Kartoffeln
300 g Karotten
300 g Sellerie
200 g Lauch
4 EL Rapskernöl
1,5-2 l Gemüsebrühe
1 TL getrockneter Rosmarin
1 TL getrockneter Thymian
1 TL getrockneter Majoran
2 Lorbeerblätter
150 g rote Linsen
Salz
schwarzer Pfeffer

Und so geht's:
Die Tellerlinsen in ¾ l kaltem Wasser über Nacht einweichen. Am nächsten Tag die Linsen abgießen und in einem Sieb abtropfen lassen.

Zwiebel abziehen und klein schneiden. Kartoffeln, Karotten und Sellerie schälen und würfeln. Lauch waschen, putzen und in Ringe schneiden.

Das Öl in einem großen Topf erhitzen und die Zwiebelwürfel darin andünsten. Brühe zugießen und die Linsen hineingeben. Kräuter und Lorbeerblätter hinzufügen und ca. 15 Minuten köcheln lassen.

Dann das Gemüse zugeben und weitere 15 Minuten mitkochen. Die roten Linsen in den letzten 10 Minuten mitgaren.

Den Linseneintopf vor dem Servieren mit Salz und Pfeffer abschmecken und die Lorbeerblätter entfernen.

MEIN TIPP:

Zum Verfeinern frisch gehackte Petersilie und etwas Schmand oder dickliche Sojasahne zum Anrichten verwenden.

gelingt leicht · mögen Kinder gerne · vegan

Zubereitungszeit:
ca. 1 Stunde +
30 Minuten Ziehzeit

Schwäbischer Kartoffelsalat

In unserer Familie sind Kartoffelsalate sehr beliebt. Vor allem den schwäbischen Kartoffelsalat haben alle ins Herz geschlossen, weil er sowohl im Winter als auch im Sommer schmeckt und da auf keiner Grillparty fehlen darf.

Für 4 Personen:
1 kg fest kochende Kartoffeln
Salz
1 Zwiebel
150-200 ml Gemüsebrühe
3 EL Weißweinessig
1 TL Senf
2 TL Zucker
schwarzer Pfeffer
4 EL Rapskernöl
1 EL Schnittlauchröllchen oder
1 EL Petersilie, fein gehackt

Und so geht's:
Kartoffeln waschen und mit der Schale in Salzwasser gar kochen. Kartoffeln etwas abkühlen lassen, pellen und in Scheiben schneiden. Zwiebel abziehen und in feine Würfel schneiden.

Gemüsebrühe im Topf erwärmen, die Zwiebelwürfel dazugeben und die Brühe kurz aufkochen. Vom Herd nehmen und etwas abkühlen lassen.

Essig, Senf und Zucker zu der Brühe geben und verrühren. Mit Salz und Pfeffer kräftig abschmecken. Die noch warme Brühe über die Kartoffelscheiben gießen und vorsichtig umrühren. Den Kartoffelsalat 30 Minuten durchziehen lassen.

Das Öl vorsichtig unterrühren und evtl. nochmal mit Salz und Pfeffer abschmecken. Kartoffelsalat mit Schnittlauchröllchen oder Petersilie bestreuen.

Wie wäre es mit einem Sellerieschnitzel zum Kartoffelsalat?
Dafür 1 Sellerieknolle schälen und in ca. 1 cm dicke Scheiben schneiden, evtl. halbieren. In Salzwasser mit 1 Spritzer Zitronensaft und 1 Prise Zucker 7-8 Minuten kochen. Selleriescheiben gut abtropfen lassen. 1 Ei verquirlen, mit Salz und Pfeffer würzen. Die Selleriescheiben erst in Mehl, dann in Ei und zuletzt in den Semmelbröseln wenden. Öl in einer Pfanne erhitzen und die Selleriescheiben darin von beiden Seiten ca. 4 Minuten goldbraun anbraten. Sellerieschnitzel schmecken auch kalt als vegetarischer Burger – im Brötchen mit Salat, Tomate und Gurke mit etwas Mayonnaise und Ketchup.

VARIANTE:

½ Bund Radieschen waschen und in Scheiben schneiden. ½ Gurke schälen, längs halbieren, die Kerne mit einem Löffel herausschaben und in feine Scheiben schneiden. ½ Bund Schnittlauch waschen, in feine Röllchen schneiden und mit den Radieschen und den Gurken unter den Kartoffelsalat mischen.

gelingt leicht · super für to go

Zubereitungszeit:
ca. 30 Minuten

Salat mit gebratenen Maultaschen und Paprika-Dressing

Wenn es draußen richtig warm ist, hat man keine Lust, ewig am Herd zu stehen und zu kochen, sondern man will etwas Leichtes und Schnelles zu sich nehmen. Da ist dieser Salat mit angebratenen Maultaschen genau das Richtige.

Für 4 Personen:
1 großer Eichblattsalat
oder Lollo Rosso
10 Radieschen
½ Salatgurke
8 Maultaschen (Seite 60)
4 EL Öl

Für das Dressing:
3 EL Weißweinessig
5 EL Rapskernöl
4 EL Gemüsebrühe
Salz
schwarzer Pfeffer
Zucker
70 g grüne Paprika
70 g rote Paprika
70 g Schnittlauch

Und so geht's:
Den Salat putzen, waschen und gut abtropfen lassen. Radieschen putzen, Gurke schälen und in Scheiben schneiden. Maultaschen quer in Scheiben schneiden.

Für das Dressing Essig, Öl, Brühe, Salz, Pfeffer und etwas Zucker in eine Schüssel geben und mit einem Schneebesen gut verrühren.

Paprika waschen, putzen und in feine Würfel schneiden. Schnittlauch waschen, trockenschütteln und in feine Ringe schneiden. Beides unter das Dressing rühren.

Öl in einer Pfanne erhitzen, die Maultaschenscheiben darin knusprig anbraten. Salat mit den Radieschen, Gurkenscheiben und den gebratenen Maultaschen dekorativ auf Tellern anrichten. Mit dem Dressing beträufeln und servieren.

MEIN TIPP:

Der Salat schmeckt auch sehr gut mit Feldsalat und Radicchio.

gelingt leicht super für to go

Zubereitungszeit: ca. 1 Stunde + 8 Stunden Einweichzeit

Linsen-Spätzle-Salat

Linsen und Spätzle kann man auch kalt genießen. Das beweist dieser erfrischende Salat, der sich auch sehr gut zum Mitnehmen eignet wie beispielsweise zu einem Picknick im Grünen oder einem Badeseebesuch oder auch als Mitbringsel zu einer Grillparty.

Für 4 Personen:
100 g Tellerlinsen
100 g rote Linsen
1 Stange Lauch
1 gelbe Paprika
4 EL Öl
200 g Kirschtomaten
300 g gegarte Spätzle

Für das Dressing:
3 EL Weißweinessig
8 EL Rapskernöl
8 EL Brühe
1 TL körniger Senf
2 TL Zucker
Salz
schwarzer Pfeffer
2 EL Petersilie, fein gehackt
2 EL Schnittlauch, fein geschnitten

Und so geht's:
Die Tellerlinsen in kaltem Wasser über Nacht einweichen. Am nächsten Tag die Linsen abgießen und in einem Sieb abtropfen lassen. Die roten und braunen Linsen getrennt voneinander bissfest kochen. Danach abgießen und abschrecken.

Lauch putzen, gründlich waschen und in feine Ringe schneiden. Paprika putzen, waschen und in Würfel schneiden. Öl in einer Pfanne erhitzen und Paprika und Lauchringe darin ca. 5 Minuten dünsten.

Für das Dressing Essig, Öl, Brühe, Senf, Zucker, Salz und Pfeffer in einer Schüssel verrühren. Kräuter zugeben und vermischen.

Kirschtomaten achteln und zum Dressing geben. Gemüse, Spätzle und Linsen hinzufügen und vermischen. Den Salat vor dem Servieren 30 Minuten durchziehen lassen.

Geht auch vegan
Das Rezept für vegane Spätzle finden Sie auf der Umschlagklappe hinten.

gelingt leicht

Zubereitungszeit:
ca. 1 Stunde

Hüttenkäsenocken auf Rote-Bete-Carpaccio

Mit dieser feinen Vorspeise können Sie bei Ihren Gästen garantiert Punkte sammeln. Das Gericht sieht einfach klasse aus! Und zusammen mit einer Seele (Seite 16) ist diese festliche Vorspeise sogar eine vollständige Mahlzeit.

Für 4 Personen:
4 Rote Bete
Salz
100 g Rucola
100 g Friséesalat
70 g Walnusskerne
5 EL Walnussöl oder Rapskernöl
4 EL Walnussessig
4 EL Gemüsebrühe
schwarzer Pfeffer, grob geschrotet
Zucker

Für die Nocken:
½ Bund Schnittlauch
200 g Hüttenkäse
100 g Frischkäse
Salz
schwarzer Pfeffer

Und so geht's:
Rote Bete waschen und in kochendem Salzwasser 30-40 Minuten garen. Danach abgießen, abkühlen lassen und pellen.

Die Salate putzen, waschen und trockenschütteln. Walnüsse in einer Pfanne ohne Fett rösten, herausnehmen und grob hacken. Für die Nocken den Schnittlauch waschen, in Röllchen schneiden und mit dem Hüttenkäse und dem Frischkäse glatt rühren. Mit Salz und Pfeffer würzen.

Öl, Essig, Brühe, Salz, Pfeffer und Zucker verrühren. Rote Bete in dünne Scheiben schneiden und auf Tellern kreisförmig anrichten. Salat evtl. klein zupfen, mit etwas Dressing mischen und über der Rote Bete verteilen. Aus der Hüttenkäsemasse mithilfe von zwei Teelöffeln Nocken formen und auf den Salat setzen. Mit dem restlichen Dressing beträufeln und mit den Walnüssen und grobem schwarzen Pfeffer bestreut servieren.

Geht auch vegan
Anstelle von Hüttenkäse und Frischkäse kann 300 g fester veganer Frischkäse verwendet werden.

MEIN TIPP:

Wenn es schnell gehen muss, können Sie problemlos auf vorgegarte Rote Bete zurückgreifen, die man in jedem gut sortierten Gemüsehandel findet.

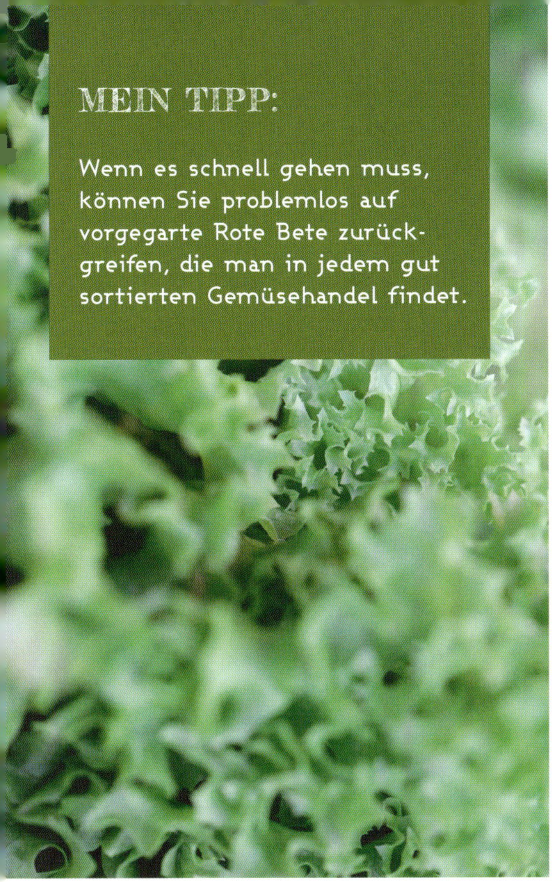

gelingt leicht

Zubereitungszeit:
ca. 25 Minuten

Knödelsalat

Wie vielfältig Salat sein kann, stellt dieses Rezept unter Beweis. Frisches knackiges Gemüse, leckerer Käse und knusprig angebratene Knödelscheiben sorgen für Abwechslung auf dem Teller und machen den Salat zum richtigen Sattmacher.

Für 4 Personen:

7 EL Gemüsebrühe
3 EL Weißweinessig
4 EL Öl
1 TL Zucker
Salz
schwarzer Pfeffer
8-10 Semmelknödel (Seite 82)
3 EL Butter
150 g Paprika
100 g Radieschen
300 g Kirschtomaten
1 Bund Schnittlauch
1 Bund Rucola
150 g Bergkäse
etwas Kresse zum Bestreuen

Und so geht's:

Für die Vinaigrette die Gemüsebrühe leicht erwärmen. Essig, Öl, Zucker, Salz und Pfeffer zugeben und mit einem Schneebesen verrühren.

Die Semmelknödel in 0,5 cm dicke Scheiben schneiden und in einer Pfanne in der Butter portionsweise von beiden Seiten goldbraun anbraten. Auf einem großen Speiseteller anrichten.

Paprika, Radieschen, Tomaten und Schnittlauch waschen. Paprika in kleine Würfel schneiden. Radieschen in feine Scheiben schneiden, Tomaten vierteln und Schnittlauch in Röllchen schneiden. Rucola waschen, zupfen und trockenschütteln. Käse in kleine Würfel schneiden.

Paprika, Radieschen, Tomaten und Rucola mit einem Teil der Vinaigrette verrühren und auf den Knödeln verteilen. Käsewürfel und Schnittlauchröllchen darüberstreuen und die restliche Vinaigrette darauf verteilen. Zum Schluss mit etwas Kresse bestreuen.

Schmeckt auch lecker mit Brezelknödeln (Seite 66).

Alles zum Sattessen

Sie haben Appetit auf Deftiges mit Gemüse? Dann finden Sie hier jede Menge vitaminreicher Gerichte, die Ihren großen Hunger und den Ihrer Familie garantiert stillen werden. Da ist für jeden Geschmack etwas dabei: Gemüsemaultaschen, Ofenschlupfer, Schupfnudel-Auflauf, Käsespätzle, Laubfrösche …

braucht etwas Zeit · mögen Kinder gerne · aus eins mach zwei Seite 50

Zubereitungszeit: ca. 1 ½ Stunden + 30 Minuten Gehzeit

Gemüsemaultaschen

Für die einen sind Maultaschen ein verdammt gutes Gericht, für mich immer noch eine Offenbarung. Auch wenn selbst gemachte Herrgottsbscheisserle etwas zeitaufwendig sind, wird man hinterher mit einem einzigartigen Geschmackserlebnis belohnt.

Für 4 Personen:
250 g Mehl
½ TL Salz
2 Eier, 1 Eigelb
2 EL Öl

Für die Füllung:
100 g tiefgekühlter Spinat
120 g Kartoffeln
Salz
150 g Champignons
80 g Zwiebeln
100 g Karotten
3 EL Öl
1 Ei
1 EL Semmelbrösel
schwarzer Pfeffer
frisch geriebene Muskatnuss

Außerdem:
4 Zwiebeln, 70 g Butter

Geht auch vegan
Das Rezept für veganen Nudelteig finden Sie auf Seite 63.Für die Füllung das Ei durch 1 EL Chia-Samen mit 3 Esslöffeln Wasser angerührt ersetzen.

Und so geht's:
Für den Nudelteig alle Zutaten mit den Knethaken des Handrührgeräts zu einem glatten Teig verarbeiten. Sollte der Teig noch zu trocken sein, 1-2 TL kaltes Wasser dazugeben. Teig mit einem feuchten Tuch abdecken und ca. 30 Minuten ruhen lassen.

Für die Füllung Spinat auftauen lassen. Kartoffeln schälen und im Salzwasser weich kochen. Kartoffeln durch eine Kartoffelpresse drücken. Champignons putzen, Zwiebeln und Karotten schälen, alles in sehr kleine Würfel schneiden. Zwiebeln im Öl glasig dünsten. Karotten und Champignons zugeben und ca. 5 Minuten andünsten. Spinat klein hacken, zugeben und 3 Minuten mitbraten, bis die ganze Flüssigkeit verdampft ist. Ei und Semmelbrösel hinzufügen, alles gut vermischen und mit Salz, Pfeffer und Muskat würzen.

Nudelteig auf einer bemehlten Arbeitsfläche ca. 50 x 25 cm groß ausrollen. Die Füllung mittig auf die lange Seite verteilen. Den Teig mit Wasser bestreichen, den vorderen Teil über die Mitte schlagen und das hintere Teil über das vordere. Die Ränder festdrücken. Mithilfe eines Kochlöffels alle 5 cm einzelne Maultaschen abdrücken. Die Kerben flach drücken und mit einem Messer durchschneiden. Maultaschen in reichlich siedendem Salzwasser bei mittlerer Hitze 12-15 Minuten gar ziehen lassen.

Die Zwiebeln abziehen, in feine Ringe schneiden und in der Butter 5 Minuten goldgelb dünsten. Die Maultaschen mit einem Schaumlöffel herausheben, abtropfen lassen und mit den angebratenen Zwiebeln auf Tellern anrichten.

MEIN TIPP:

Gut schmecken die Maultaschen auch, wenn sie nach dem Kochen von beiden Seiten in etwas Butter angebraten werden.

braucht etwas Zeit

Zubereitungszeit:
ca. 50 Minuten +
30 Minuten Kühlzeit

Krautkrapfen

Wenn sich Sauerkraut und Nudelteig vereinen, kann daraus nur eine leckere Hauptmahlzeit herauskommen. Krautkrapfen sind in vielen Haushalten in Vergessenheit geraten. Schade eigentlich, denn sie schmecken einfach nur himmlisch und sind gar nicht so schwer zu machen.

Für 4 Personen:

400 g Mehl
3 Eier
½ TL Salz
2 EL Öl
4 EL kaltes Wasser
Mehl für die Arbeitsfläche

Für die Füllung:

2 Zwiebeln
2 EL Butterschmalz
500 g frisches Sauerkraut
Salz
schwarzer Pfeffer
1 Prise Paprikapulver
1 TL gemahlener Kümmel
Butter für die Form
500 ml heiße Gemüsebrühe
3 EL geschmolzene Butter

Und so geht's:

Für den Nudelteig Mehl, Eier, Salz, Öl und 4 EL kaltes Wasser in eine Schüssel geben und alles zu einem geschmeidigen Nudelteig verkneten. Teig in Frischhaltefolie wickeln und ca. 30 Minuten im Kühlschrank ruhen lassen.

Für die Füllung die Zwiebeln abziehen, fein würfeln und im Butterschmalz anbraten. Das Sauerkraut abtropfen lassen und etwas klein schneiden. Sauerkraut zugeben und ca. 30 Minuten andünsten. Evtl. etwas Wasser dazugeben. Mit Salz, Pfeffer, Paprikapulver und Kümmel würzen. Abkühlen lassen.

Eine Auflaufform mit Butter einfetten. Den Backofen auf 180 °C (Umluft) vorheizen.

Den Teig auf einer bemehlten Arbeitsfläche kurz durchkneten und dünn zu einem länglichen Rechteck ausrollen. Das abgekühlte Sauerkraut darauf verteilen, den Rand dabei frei lassen. Den Teig von der langen Seite her aufrollen, in ca. 5 cm breite Stücke schneiden und die Teigstücke mit der Schnittfläche nach unten in die Auflaufform setzen, dabei etwas Abstand lassen.

Die Form mit Gemüsebrühe auffüllen, sodass die Krapfen fast bedeckt sind. Die Form mit Alufolie abdecken und die Krautkrapfen im Backofen ca. 25 Minuten garen. Währenddessen evtl. immer wieder die Backofentür öffnen, damit der Dampf entweichen kann. Danach die Alufolie entfernen und weitere 10 Minuten backen. Anschließend die fertigen Krapfen mit der Butter bestreichen.

GEHT AUCH VEGAN

Für einen veganen Nudelteig 250 g Hartweizenmehl oder Hartweizengrieß, 150 g Weizenmehl Type 405 mit 1 TL Salz in einer Schüssel vermischen. 200 ml kaltes Wasser und 3 EL Öl zugeben und alles verkneten, bis ein fester und geschmeidiger Teig entstanden ist. Den Teig in Frischhaltefolie wickeln und 1 Stunde ruhen lassen. Für die Füllung Butter durch Margarine ersetzen.

gelingt leicht · mögen Kinder gerne

Zubereitungszeit: ca. 1 Stunde

Linsentaler mit Rahmspinat

Falls Ihre Kinder nicht so gerne Linsen essen, dann versuchen Sie es mal mit diesen knusprigen Linsentalern. Damit konnte ich bislang jeden Linsenmuffel überlisten.

Für 4 Personen:
300 g Pardina-Linsen
200 g Kohlrabi
250 g Karotten
1 kleine Zwiebel
3 EL Öl
100 g Mehl
2 Eier
1 TL Currypulver
Salz
schwarzer Pfeffer
Semmelbrösel
Öl zum Braten

Für den Rahmspinat:
1 kg Blattspinat
1 Zwiebel
1 Knoblauchzehe
60 g Butter
150 g Sahne
Salz
schwarzer Pfeffer
Muskatnuss, frisch gerieben

Und so geht's:
Die Linsen in kochendem Wasser ca. 30 Minuten garen und in einem Sieb gut abtropfen lassen. Kohlrabi und Karotten schälen und grob raspeln. Zwiebel abziehen und in feine Würfel schneiden. Kohlrabi, Karotten und Zwiebeln in im Öl andünsten.

Linsen mit dem Stabmixer pürieren. Gedünstetes Gemüse, Mehl und Eier unterkneten und mit Curry, Salz und Pfeffer würzen.

Den Spinat putzen und waschen, evtl. harte Stiele entfernen. Zwiebel und Knoblauch abziehen, in feine Würfel schneiden und in der Butter 3 Minuten andünsten. Spinat trockenschleudern, dazugeben und weitere 4-5 Minuten dünsten. Sahne zugeben und aufkochen lassen. Mit Salz, Pfeffer und Muskat würzen. Je nach Geschmack den Spinat mit dem Stabmixer pürieren und warm stellen.

Aus der Linsenmasse mit angefeuchteten Händen ca. 12 Taler formen und in Semmelbröseln wenden. Öl in einer Pfanne erhitzen und die Taler auf beiden Seiten goldbraun braten. Zusammen mit dem Rahmspinat auf Tellern anrichten.

Kartoffelpüree oder gekochte Kartoffeln schmecken auch lecker dazu.

GEHT AUCH VEGAN

Für die Linsentaler 2 Esslöffel Chia-Samen mit 5 EL Wasser angerührt ersetzen. Beim Rahmspinat Butter durch Margarine ersetzen und und anstatt Sahne vegane Sahne verwenden.

braucht etwas Zeit — aus eins mach zwei Seite 56

Zubereitungszeit: ca. 1 Stunde 20 Minuten

Brezelknödel-Gugelhupf mit Frühlingsgemüseragout

Dieser Gugelhupf ist eine tolle Alternative zu den normalen Knödeln, und die ungewöhnliche Form wird bei Ihren Gästen sicherlich für Verblüffung sorgen.

Für 1 Gugelhupf (1 Liter):
4 Laugenbrezeln
200 ml lauwarme Milch
150 g Zwiebeln
70 g Butter
4 Eier (Größe M)
3 EL gehackte Petersilie
Salz
schwarzer Pfeffer
frisch geriebene Muskatnuss
Semmelbrösel und Butter für die Form

Für das Frühlingsgemüseragout:
300 g Spargel
Salz
1 mittelgroße Kohlrabi
2 mittelgroße Karotten
300 g Brokkoli
250 g Champignons
1 Zwiebel
40 g Butter
2 EL Mehl
400 ml Gemüsebrühe
200 g Sahne
schwarzer Pfeffer
frisch geriebene Muskatnuss
2 TL Kerbel, fein gehackt
1 TL Petersilie, fein gehackt
1 TL Schnittlauch, fein geschnitten

Und so geht's:

Die Brezeln in Würfel schneiden und mit der Milch übergießen. Zwiebeln abziehen, fein würfeln und in der Butter goldbraun rösten. Eier trennen. Eigelbe, Zwiebeln, Petersilie und Brezeln vermischen, mit Salz, Pfeffer und Muskat würzen. Ca. 15 Minuten quellen lassen. Den Backofen auf 170 °C (Umluft) vorheizen. Eiweiß steif schlagen und vorsichtig unterheben.

Gugelhupfform mit Butter fetten und mit Semmelbröseln ausstreuen. Brezelknödelmasse einfüllen und den Gugelhupf im Backofen 45-50 Minuten backen. Falls er zu dunkel wird, mit Alufolie abdecken.

Den Spargel schälen, holzige Enden abschneiden und die Spargelstangen in ca. 3 cm lange Stücke schneiden. Im Salzwasser 3-4 Minuten köcheln. Abschrecken und abtropfen lassen. Kohlrabi, Karotten und Brokkoli schälen bzw. putzen, waschen und klein schneiden. Champignons putzen, waschen und je nach Größe halbieren oder vierteln. Zwiebel abziehen und in kleine Würfel schneiden.

Champignons im heißen Fett anbraten, würzen und herausnehmen. Zwiebel anbraten, Mehl darüberstreuen und kurz anschwitzen. Brühe einrühren und aufkochen. Mit Salz und Pfeffer würzen. Kohlrabi und Karotten zugeben und ca. 5 Minuten mitgaren. Brokkoli weitere 3 Minuten garen. Champignons und Spargel zugeben und aufkochen. Sahne unterrühren. Abschmecken und die Kräuter unterrühren.

Brezelgugelhupf stürzen und mit dem Ragout servieren.

MEIN TIPP:

Falls noch etwas übrig bleiben sollte, kann man den Brezelknödel-Gugelhupf am nächsten Tag in Scheiben schneiden und in etwas Butter von beiden Seiten goldbraun anbraten.

braucht etwas Zeit

Zubereitungszeit:
ca. 1 Stunde
20 Minuten

Schupfnudel-Auflauf mit Paprika-Sauerkraut

Einfach nur herrlich, wenn man nach einem Winterspaziergang nach Hause kommt, der Magen knurrt und man mit der Familie gemütlich am Tisch sitzt. Ein Gericht für alle, die es richtig herzhaft mögen: mit Sauerkraut, Schupfnudeln und Käse.

Für 4 Personen:
700 g mehlig kochende Pellkartoffeln vom Vortag
120 g Mehl
2 Eier
Salz
frisch geriebene Muskatnuss
2 EL Butter

Für das Paprikasauerkraut:
1 große Zwiebel
3 EL Öl
750 g Sauerkraut (Dose)
400 ml Wasser
2 TL Zucker
Salz
3 TL edelsüßes Paprikapulver
2 Lorbeerblätter
2 TL getrockneter Majoran

Außerdem:
400 g Schmand
250 ml Milch
200 g geriebener Gouda
Salz
schwarzer Pfeffer

Und so geht's:
Die Kartoffeln pellen, durch eine Kartoffelpresse drücken und mit Mehl, Eiern, Salz und etwas Muskat verkneten. Den Teig auf einer bemehlten Arbeitsfläche zu drei Rollen formen. In dünne Scheiben schneiden und diese zu ca. 7 cm lange und fingerdicke Schupfnudeln formen. Dabei die Schupfnudeln immer wieder in Mehl wenden, damit sie weniger klebrig sind.

Salzwasser in einem großen Topf zum Kochen bringen und die Schupfnudeln darin portionsweise ca. 5 Minuten gar ziehen lassen. Mit einem Schaumlöffel herausnehmen und abtropfen lassen.

Die Zwiebel abziehen, klein schneiden und im Öl anbraten. Das Sauerkraut abtropfen lassen, etwas klein schneiden, zugeben und 100 ml Wasser angießen. Das Kraut mit Zucker, 1 guten Prise Salz, Pfeffer, Paprikapulver, Lorbeer und Majoran würzen und zugedeckt ca. 30 Minuten dünsten.

Die Schupfnudeln in der Butter rundum anbraten. Das Kraut zugeben und gründlich vermischen. Den Backofen auf 170 °C (Ober- und Unterhitze) vorheizen. Schmand mit Milch und Käse verrühren und mit Salz und Pfeffer würzen.

Die Hälfte der Sauerkraut-Schupfnudel-Masse in eine Auflaufform füllen und die Hälfte der Schmand-Käse-Mischung daraufgeben. Mit der restlichen Sauerkrautmasse bedecken und mit der übrigen Schmand-Käse-Mischung abschließen. Den Auflauf im Backofen ca. 30 Minuten überbacken.

MEIN TIPP:

1 TL Kümmel im Sauerkraut runden den Geschmack dieses Gerichtes perfekt ab.

Falls es schneller gehen muss: anstatt selbstgemachte Schupfnudeln 1 kg Schnupfnudeln aus dem Kühlregal verwenden und etwas anbraten.

gelingt leicht | mögen Kinder gerne

Zubereitungszeit:
ca. 1 Stunde

Deftige Ofenschlupfer

Wer sagt denn, dass Ofenschlupfer immer süß sein müssen? Diese Variante ist ein herzhaftes und preiswertes Gericht, das auch Kindern sehr gut schmeckt. Dazu noch ein frischer gemischter Salat und Sie haben eine leckere komplette Mahlzeit.

Für 4 Personen:
400 g Champignons
200 g Lauch
1 rote Paprika
1 mittelgroße Zwiebel
40 g Butter
Salz
schwarzer Pfeffer
300 g Laugenbrezeln
4 Eier
500 ml Milch
200 g geriebener Gouda
frisch geriebene Muskatnuss
Butter für die Form
Petersilie, fein gehackt

Und so geht's:
Champignons putzen und in Scheiben schneiden. Lauch und Paprika waschen, Lauch in Ringe und Paprika in Würfel schneiden. Zwiebel abziehen, in feine Würfel schneiden und in der Butter glasig dünsten. Lauch und Paprika dazugeben und weitere 5 Minuten anbraten. Mit Salz und Pfeffer würzen. Gemüse aus der Pfanne nehmen und die Champignons in der gleichen Pfanne so lange anbraten, bis die Flüssigkeit verdampft ist. Zum Schluss die Champignons salzen.

Den Backofen auf 160 °C (Umluft) vorheizen. Brezeln in ca. 1 cm breite Scheiben schneiden und mit dem Gemüse vermischen. Alles in eine gebutterte Auflaufform geben.

Eier mit Mich verquirlen und mit Salz, Pfeffer und Muskat würzen. (Hier mit Salz sparsam umgehen, da die Brezeln auch noch Salz abgeben.) Die Eiermilch auf die Brezel-Gemüse-Mischung gießen und mit den Händen etwas flach drücken. Ca. 10 Minuten quellen lassen. Mit dem Käse bestreuen und im Backofen 30-35 Minuten überbacken.

Ofenschlupfer aus dem Ofen nehmen und mit frisch gehackter Petersilie servieren.

gelingt leicht   mögen Kinder gerne

Zubereitungszeit:
ca. 1 Stunde

Käsespätzle

Käsespätzle sind ein Klassiker, von dem man gar nicht genug bekommt. Wenn ich Käsespätzle mache, schreien alle „Hurra" und warten sehnsüchtig, bis das Essen auf den Tisch kommt. Hinterher bleibt nicht mal ein Krümel übrig und alle sind glücklich und zufrieden.

Für 4 Personen:
500 g Mehl (Spätzlemehl oder Type 405)
4 Eier
1 TL Salz
250 ml kaltes Wasser
4 Zwiebeln
etwas Butter
schwarzer Pfeffer
150 g Emmentaler
150 g Bergkäse
Butter für die Form

Und so geht's:
Mehl, Eier, Salz und Wasser in eine Schüssel geben und alles mit einem Rührlöffel zu einem glatten Spätzleteig verrühren, bis dieser Blasen wirft. Teig abdecken und 30 Minuten beiseitestellen.

Die Zwiebeln abziehen und in Ringe schneiden. Butter in einer Pfanne erhitzen und die Zwiebelringe bei mittlerer Hitze goldbraun anbraten. Mit 1 Prise Salz würzen.

Beide Käsesorten grob reiben. Den Backofen auf 160 °C (Ober- und Unterhitze) vorheizen.

Salzwasser in einem großen Topf zum Kochen bringen. Ein Drittel Spätzleteig vom Holzbrett mit einem Messer ins kochende Wasser schaben oder durch eine Spätzlepresse drücken. Schwimmen die Spätzle an der Wasseroberfläche, sind sie fertig. Mit einer Schöpfkelle herausnehmen, abtropfen lassen und in eine gefettete Form geben. Etwas salzen, pfeffern und mit einem Drittel des geriebenen Käses bestreuen. Den restlichen Teig weiter zu Spätzle verarbeiten und mit Käse bestreuen. Mit Käse abschließen und darüber die gerösteten Zwiebeln verteilen.

Die Käsespätzle im Backofen 10-15 Minuten überbacken, bis der Käse geschmolzen ist.

Dazu passt perfekt ein grüner Salat.

braucht etwas Zeit · mögen Kinder gerne

Zubereitungszeit:
ca. 1 Stunde
10 Minuten

Kartoffel-Kürbis-Schupfnudeln auf winterlichem Gemüse

Eine etwas andere Variante der Schupfnudeln mit Kürbis. Ein richtiges Winteressen, das am nächsten Tag aufgewärmt fast noch besser schmeckt.

Für 4 Personen:

50 ml Gemüsebrühe
200 g Hokkaidokürbis
400 g mehlig kochende Kartoffeln
100 g Weichweizengrieß
150 g Mehl
2 Eier
Salz
frisch geriebene Muskatnuss
Butter zum Braten

Für das Gemüse:

400 g Champignons
1 mittelgroße Zwiebel
700 g Wirsing
20 g Butter
250 ml Gemüsebrühe
2 Karotten
150 g Lauch
200 g Sahne
Salz
schwarzer Pfeffer
frisch geriebene Muskatnuss

Und so geht's:

Gemüsebrühe in einer Pfanne zum Kochen bringen. Kürbis in Würfel schneiden, hinzufügen und so lange köcheln lassen, bis die Brühe verdampft ist.

Kartoffeln in Salzwasser garen, schälen und ausdampfen lassen. Kartoffeln und Kürbis durch eine Kartoffelpresse drücken. Grieß, Mehl, Eier, etwas Salz und Muskat zugeben und zu einem Teig kneten. Falls der Teig zu feucht sein sollte, noch etwas Mehl untermischen.

Den Teig auf einer bemehlten Arbeitsfläche und mit bemehlten Händen zu Schupfnudeln formen. Portionsweise in reichlich köchelndem Salzwasser ca. 4 Minuten garen. Schupfnudeln abgießen, abschrecken und abtropfen lassen.

Champignons putzen und in Scheiben schneiden. Zwiebel abziehen und klein schneiden. Wirsing putzen und in feine Streifen schneiden. Champignons in der Butter scharf anbraten. Herausnehmen und die Zwiebeln im Bratfett goldbraun anrösten. Gemüsebrühe und Wirsing zugeben und ca. 10 Minuten köcheln.

Karotten schälen, in Scheiben schneiden und in Salzwasser weich kochen. Lauch putzen, in Ringe schneiden, zum Wirsing geben und weitere 3 Minuten weiter dünsten.

Karotten und Champignons unterrühren. Sahne dazugeben, abschmecken und aufkochen lassen. Schupfnudeln in heißer Butter anbraten und mit dem Gemüse anrichten.

braucht etwas Zeit

Zubereitungszeit:
ca. 50 Minuten

Laubfrösche mit Kartoffel-Champignon-Füllung

Als ich einmal bei den Eltern meiner Freundin essen durfte und erfuhr, dass es Laubfrösche gibt, hatte ich erst mal keinen Hunger mehr. Hinterher war ich natürlich schlauer und erfuhr, dass diese schwäbischen Mangoldwickel überhaupt nichts mit Fröschen zu tun haben.

Für 4 Personen:
500 g vorwiegend fest kochende Kartoffeln
Salz
300 g Champignons (alternativ gemischte Pilze)
1 Zwiebel
1 Knoblauchzehe
2 EL Öl
500 g Mangold
30 g Butter
1 Ei (Größe M)
schwarzer Pfeffer
frisch geriebene Muskatnuss
200 g Sahne
200 ml Gemüsebrühe
Butterflöckchen
150 g geriebener Bergkäse oder Gouda

Und so geht's:
Die Kartoffeln waschen und in Salzwasser ca. 25 Min. garen. Danach abgießen und abkühlen lassen.

Champignons putzen und fein hacken. Zwiebel und Knoblauch abziehen, in feine Würfel schneiden und in einer Pfanne im Öl andünsten. Champignons dazugeben und so lange anbraten, bis die Flüssigkeit verdampft ist.

Den Mangold waschen und die Stiele herausschneiden. Die Blätter in einem großen Topf portionsweise jeweils 2 Min. im kochenden Salzwasser blanchieren. Danach mit kaltem Wasser abschrecken und gründlich abtropfen lassen.

Kartoffeln pellen und durch eine Kartoffelpresse drücken. Zusammen mit der Champignons-Zwiebel-Mischung, in Flöckchen zerteilter Butter und dem Ei verrühren und mit Salz, Pfeffer und Muskat würzen. Den Backofen auf 170 °C (Umluft) vorheizen.

Die Mangoldblätter auf die Arbeitsfläche legen. Jeweils 2-3 EL von der Kartoffel-Champignons-Füllung auf die vordere Hälfte eines Blatts geben und von vorne einrollen. Weiter fortfahren, bis alles aufgebraucht ist.

Für die Sauce Sahne und Gemüsebrühe aufkochen. Mit Salz, Pfeffer und Muskat abschmecken. Sauce in eine flache Auflaufform geben, die Laubfrösche mit der Naht nach unten hineinsetzen und jeden Laubfrosch mit einem Butterflöckchen belegen. Mit Käse bestreuen und ca. 20 Min. überbacken.

VARIANTE:

Mit Kartoffel-Maronen-Füllung: Anstelle der Champignons 250 g Maronen klein hacken und mit den Zwiebeln ca. 5 Minuten dünsten. Zusammen mit der Kartoffelmasse verrühren und als Füllung benutzen.

braucht etwas Zeit · mögen Kinder gerne

Zubereitungszeit:
ca. 1 Stunde

Pfannkuchen-Spitzkohl-Röllchen mit Paprikasauce

Wenn es sich Pfannkuchen mit Spitzkohl und Paprika in einer Auflaufform gemütlich machen, ergibt das ein ganz leckeres Mittagessen. Ich mache dann häufig etwas mehr und wärme das Gericht am nächsten Tag in der Mikrowelle auf.

Für 4 Personen:
4 Eier
150 g Mehl
½ TL Salz
1 Prise schwarzer Pfeffer
150 ml Milch
150 ml Mineralwasser
Öl zum Ausbacken

Für die Paprikasauce:
2 rote Paprikaschoten
1 Zwiebel
2 Knoblauchzehen
2 EL Öl
500 ml Gemüsebrühe
100 g Sahne
Salz
schwarzer Pfeffer

Für die Füllung:
2 bunte Paprikaschoten
3 EL Öl
1 Kopf Spitzkohl
Salz
200 g Schmand
3 EL Semmelbrösel
schwarzer Pfeffer
1 Prise Paprikapulver
200 g geriebener Gouda oder Bergkäse

Und so geht's:
Eier, Mehl, Salz, Pfeffer, Milch und Mineralwasser zu einem glatten Teig verrühren. Öl in einer Pfanne erhitzen und darin 8 dünne Pfannkuchen backen.

Für die Sauce Paprika putzen, waschen und klein würfeln. Zwiebel und Knoblauch abziehen, fein würfeln und im Öl kurz anbraten. Paprikawürfel dazugeben und 5 Minuten bei mittlerer Hitze anbraten. Gemüsebrühe zugeben und 5 Minuten köcheln lassen. Sahne hinzufügen, fein pürieren und mit Salz und Pfeffer würzen.

Für die Füllung Paprika putzen, waschen, in kleine Würfel schneiden und im Öl 5 Minuten anbraten. 8 große Spitzkohlblätter vom Kohl lösen, in kochendem Salzwasser 1-2 Minuten bissfest blanchieren, kalt abschrecken und abtropfen lassen. Schmand und Semmelbrösel verrühren und mit Salz, Pfeffer und Paprikapulver würzen.

Den Backofen auf 170 °C (Ober- und Unterhitze) vorheizen. Pfannkuchen mit der Schmand-Mischung bestreichen, mit Spitzkohlblättern belegen, mit Paprikawürfeln bestreuen und fest aufrollen. Rollen in ca. 4 cm lange Stücke schneiden. Die Hälfte der Paprikasauce in eine Auflaufform gießen. Die Pfannkuchenröllchen mit der Schnittseite nach oben hineinsetzen.

Mit Käse bestreuen und im Backofen ca. 25 Minuten überbacken und mit der Sauce servieren.

MEIN TIPP:

Wenn Sie die Paprikasauce gerne etwas schärfer mögen, rühren Sie 2 EL Harissa unter. Dadurch erhält sie eine schöne Schärfe.

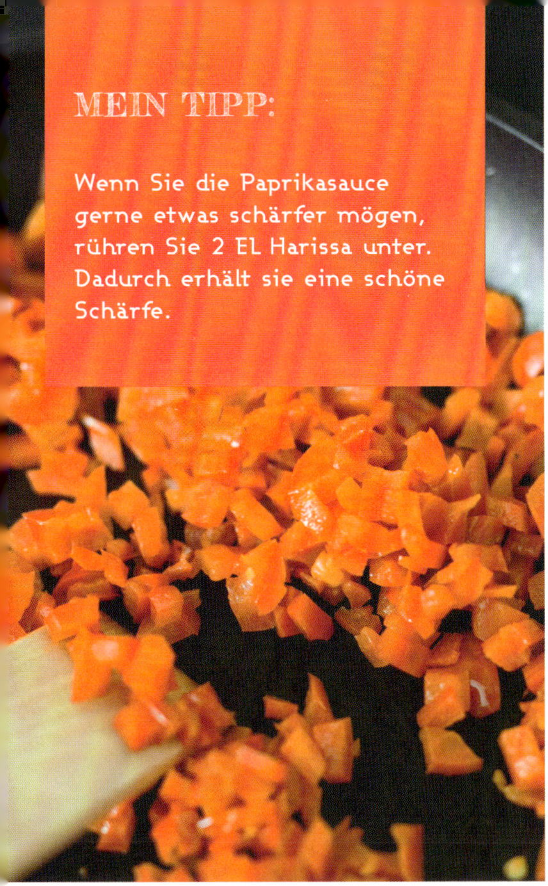

gelingt leicht — mögen Kinder gerne

Zubereitungszeit:
ca. 45 Minuten

Kartoffelrösti mit Karotten-Erbsen-Ragout

Dieses Gericht ist der Hit bei uns zu Hause, wenn meine Tochter Besuch bekommt. Denn Kartoffelrösti müssen nicht immer aus der Pfanne kommen. Wenn ich sie als Muffins mit leckerem Karotten-Erbsen-Ragout serviere, schmeckt es den Kindern doppelt so gut.

Für 12 Kartoffelröstis:

1,5 kg mehlig kochende Kartoffeln
200 g geriebener Gouda
4 Eier
1 TL Salz
1 Prise schwarzer Pfeffer
1 Prise frisch geriebene Muskatnuss
Butter für die Form

Für das Karotten-Erbsen-Ragout:

700 g Karotten
1 kleine Zwiebel
2 EL Butter
300 ml Gemüsebrühe
300 g tiefgekühlte Erbsen
1 EL Mehl
200 g Sahne
1 EL Petersilie

Und so geht's:

Kartoffeln schälen, mit kaltem Wasser abspülen und grob raspeln. Kartoffeln ca. 10 Minuten stehen lassen und anschließend das Kartoffelwasser ausdrücken. Den Backofen auf 170 °C (Umluft) vorheizen.

Kartoffelraspel mit 150 g Gouda und den Eiern vermischen. Mit Salz, Pfeffer und Muskat würzen. Die Mulden eines Muffinblechs mit Butter einfetten. Kartoffelmasse in die Mulden füllen und mit dem übrigen Käse bestreuen. Die Kartoffelröstis im Backofen ca. 25 Minuten backen.

Für das Ragout die Karotten schälen und in Scheiben schneiden. Zwiebel abziehen und fein würfeln. Butter in einer Pfanne erhitzen und die Zwiebeln darin glasig dünsten. Karotten dazugeben, mit 150 ml Brühe ablöschen und ca. 5 Minuten köcheln lassen. Erbsen zu den Karotten geben und weitere 3 Minuten garen.

Mehl mit restlicher (kalter) Brühe klümpchenfrei verrühren, zum Gemüse geben und vermischen. Kurz aufkochen, Sahne unterrühren und Petersilie untermischen.

Kartoffelrösti vorsichtig aus der Muffinform lösen und mit dem Karotten-Erbsen-Ragout anrichten.

braucht etwas Zeit · aus eins mach zwei Seite 56

Zubereitungszeit: ca. 1 Stunde

Semmelknödel mit Pilzrahmsauce

Ein altbewährtes traditionelles Gericht, das wir sehr lieben und das man auch auf fast jeder Speisekarte im Schwabenländle findet. Übrig gebliebene Semmelknödel kann man in Scheiben geschnitten in heißer Butter goldbraun anbraten und mit der Sauce servieren.

Für 4 Personen:

300 ml Milch
450 g altbackene Brötchen
1 Zwiebel
2 EL Öl
1 Bund Petersilie
4 Eier
Salz
schwarzer Pfeffer

Für die Pilzrahmsauce:

200 g Pfifferlinge
200 g Austernpilze
200 g Steinchampignons
1 Zwiebel
1 Knoblauchzehe
Blättchen von 5 Thymianzweigen
1 EL Butter
1 EL Mehl
200 g Sahne
300 ml Gemüsebrühe
Salz
schwarzer Pfeffer
frisch geriebene Muskatnuss
3 EL Petersilie, fein gehackt

Und so geht's:

Für die Knödel Milch aufkochen. Brötchen in Würfel schneiden und mit der Milch übergießen. Ca. 20 Minuten stehen lassen.

Zwiebel abziehen, in feine Würfel schneiden und im Öl goldbraun anbraten. Petersilie waschen, fein hacken und zugeben. Etwas abkühlen lassen. Eier verquirlen. Eier und Zwiebeln zur Brötchenmischung geben. Mit Salz und Pfeffer abschmecken und gründlich durchkneten.

In einem großen Topf Salzwasser zum Kochen bringen. Aus der Masse mit leicht angefeuchteten Händen 8-10 Knödel formen. Knödel vorsichtig ins Wasser geben und ca. 15 Minuten in siedendem Wasser gar ziehen lassen.

Für die Pilzrahmsauce Pilze putzen und grob würfeln. Zwiebel und Knoblauch abziehen, in feine Würfel schneiden und zusammen mit dem Thymian in der Butter goldbraun anbraten. Pilze dazugeben und weitere 6 Minuten mitbraten. Mit Mehl bestäuben, verrühren und anschwitzen. Sahne und Gemüsebrühe dazugießen und weitere 3 Minuten köcheln lassen. Mit Salz, Pfeffer und Muskat abschmecken. Die Petersilie unterrühren und die Pilzrahmsauce zusammen mit den Knödeln servieren.

MEIN TIPP:

Aus übrig gebliebenen Knödeln kann man einen leckeren Knödelsalat zubereiten (Seite 56).

braucht etwas Zeit

Zubereitungszeit: ca. 50 Minuten + über Nacht kalt stellen

Gemüsesülze mit Bratkartoffeln und Kräuterquark

Ein herrliches Gericht für warme Tage, das sich gut vorbereiten lässt. Durch das bunte Gemüse ist es nicht nur ein Genuss für Vegetarier! Passt auch prima als Vorspeise mit einem Blattsalat.

Für 4-6 Personen:
150 g Karotten
150 g Zucchini
100 g rote Paprika
200 g Blumenkohl
200 g Brokkoli
Salz
1 Beutel Agar Agar (für 500 ml Flüssigkeit)
500 ml Gemüsebrühe
1 TL Weißweinessig
schwarzer Pfeffer
je 1 EL Petersilie und Schnittlauch, fein gehackt

Für den Kräuterquark:
500 g Magerquark
100 g Sahne
½ Bund Schnittlauch, fein geschnitten
½ Bund Petersilie, fein gehackt
1 Spritzer Zitronensaft
Salz
schwarzer Pfeffer

Für die Bratkartoffeln:
800 g Kartoffeln
6 EL Öl oder Butterschmalz
1 Zwiebel
Salz

Und so geht's:
Das Gemüse putzen und waschen. Karotten und Zucchini längs halbieren und in Scheiben, Paprika in kleine Würfel schneiden. Blumenkohl und Brokkoli in Röschen teilen. Das Gemüse im Salzwasser nacheinander bissfest kochen, kalt abschrecken und gut abtropfen lassen.

Gemüsebrühe und Agar Agar mit einem Schneebesen verrühren, aufkochen und 2 Minuten köcheln lassen. Essig unterrühren. Mit Salz und Pfeffer abschmecken. Kräuter unterrühren.

4-6 Tassen mit kaltem Wasser ausspülen, dann das vorbereitete Gemüse einschichten. Mit dem Sud übergießen, bis die Zutaten bedeckt sind. Mindestens 6 Stunden kalt stellen, am besten über Nacht.

Für den Kräuterquark Quark, Sahne, Kräuter und Zitronensaft verrühren. Mit Salz und Pfeffer abschmecken.

Für die Bratkartoffeln Kartoffeln schälen, in 3 mm dünne Scheiben schneiden und in 4 EL Öl oder Butterschmalz bei mittlerer Hitze ca. 15 Minuten anbraten. Wenn sie von einer Seite Farbe angenommen haben, wenden. Zwiebel abziehen, klein schneiden und in 2 EL Öl goldbraun anbraten. Kurz vor Ende der Garzeit die Zwiebel zu den Kartoffeln geben. Mit Salz würzen.

Zum Stürzen die Tassen in heißes Wasser tauchen und evtl. mit einem Messer am Rand lösen. Gemüsesülze mit Bratkartoffeln und Kräuterquark anrichten.

GEHT AUCH VEGAN

Für den Kräuterquark Magerquark und Sahne durch 300 g Tofu (püriert) und 300 g dickliche vegane Sahne ersetzen.

gelingt leicht · mögen Kinder gerne

Zubereitungszeit:
ca. 50 Minuten

Kräuterkratzete mit weißem Spargel

Kratzete sind bei uns eine klassische Beilage zu Spargel. Sie sind die perfekte Alternative zu gekochten Kartoffeln und haben auf alle Fälle mehr Pfiff. Die Kräuter geben den herzhaften Pfannkuchen ihren großen Auftritt und mit gebräunter Butter wird es ein richtiges Festmahl.

Für 4 Personen:
1,5 kg weißer Spargel
1 EL Butter
1 TL Zucker
1 EL Zitronensaft
1 TL Salz

Für die Kräuterkratzete:
5 Eier
200 g Mehl
350 ml Milch
1 TL Salz
Salz
1 Prise schwarzer Pfeffer
frisch geriebene Muskatnuss
2 EL Petersilie, fein gehackt
2 EL Schnittlauch, fein geschnitten
120 g Butter

Und so geht's:
Den Spargel schälen und die holzigen Enden abschneiden. Reichlich Salzwasser zum Kochen bringen. Butter, Zucker, Zitronensaft und Salz zugeben, den Spargel hinzufügen und zugedeckt bei schwacher Hitze 15-20 Minuten garen.

Den Backofen auf 80 °C vorheizen (Ober-/Unterhitze). Die Eier trennen. Eigelbe und Mehl verrühren. Milch, Salz, Pfeffer und Muskat dazugeben und alles zu einem glatten Teig verarbeiten. Eiweiß und Salz in einen hohen Rührbecher geben und steif schlagen. Eischnee und Kräuter unter den Teig heben.

Etwas Butter in einer Pfanne erhitzen. Etwas Teig in die Pfanne geben und bei mittlerer Hitze stocken lassen. Pfannkuchen in Stücke reißen und von beiden Seiten goldbraun anbraten.

Kratzete auf einen Teller verteilen und im Backofen warm halten und den restlichen Teig genauso verarbeiten.

100 g Butter in einer Pfanne oder in einem Topf schmelzen und leicht braun werden lassen. Den Spargel aus dem Wasser nehmen und abtropfen lassen. Spargel und Kratzete auf Tellern anrichten und mit der Butter beträufeln.

Kinder lieben auch Kräuterquark dazu (siehe Seite 84).

Für Süßmäuler und Kuchenliebhaber

Können Sie sich einen Kaffeetisch ohne Kuchen vorstellen? Ich auch nicht. Das wussten auch unsere Großmütter und hatten immer einen Kuchen parat. Außerdem machten sie uns mit Süßem zum Sattessen schon als Kind sehr glücklich: mit Dampfnudeln mit Vanillesoße, Zwetschgendatschi, Träubleskuchen …

gelingt leicht mögen Kinder gerne

Zubereitungszeit:
ca. 25 Minuten

Ofenschlupfer mit Äpfeln und Birnen

Haben Sie auch manchmal Brötchen vom Vortag übrig? Mein Vorschlag: Es gibt Ofenschlupfer. Schon unsere Omas wussten, wie man altbackene Brötchen am besten weiter verwendet. Aber Vorsicht, kaum aus dem Ofen geschlüpft, ist er gleich aufgefuttert!

Für 4 Personen:
300 g Äpfel
400 g Birnen
50 g Rosinen
3 EL Zitronensaft
4 altbackene Brötchen
400 ml Milch
100 g Sahne
4 Eier
2 EL Zucker
2 Päckchen Bourbon-Vanillezucker
1 EL Butter
50 g gehobelte Mandeln
Puderzucker zum Bestäuben

Und so geht's:
Äpfel und Birnen schälen, halbieren, die Kerngehäuse entfernen und beides in 1 cm große Würfel schneiden. Obstwürfel mit Rosinen vermischen und mit Zitronensaft beträufeln.

Brötchen in grobe Würfel schneiden. Milch, Sahne, Eier, Zucker und Vanillezucker verrühren. Den Backofen auf 170 °C (Ober- und Unterhitze) vorheizen.

Eine Auflaufform mit Butter einfetten. Die Brötchenwürfel und die Obstwürfel abwechselnd in die Auflaufform einschichten. Mit Brötchenwürfel abschließen. Die Eiermilch darübergießen und kurz einziehen lassen. Die gehobelten Mandeln darüberstreuen und im Backofen ca. 25 Minuten backen, bis die Oberfläche schön goldgelb ist. Ofenschlupfer mit Puderzucker bestäuben und noch warm genießen.
Dazu passt sehr gut eine Vanillesauce (Seite 92).

Exotische Ofenschlupfer:
Wenn Sie es etwas exotischer mögen, verwenden Sie anstelle von Milch 400 ml Kokosmilch, 1 Dose Ananasstücke und zum Bestreuen 50 g Kokosraspel.

MEIN TIPP:

Das Obst kann durch Pflaumen, Kirschen, Aprikosen oder im Sommer durch 500 g gemischte Beeren ersetzt werden. Und anstelle der Brötchen können Sie auch 350 g Hefezopf, 350 g Weißbrot oder 4 Milchbrötchen verwenden.

braucht etwas Zeit · mögen Kinder gerne

Zubereitungszeit:
ca. 50 Minuten +
65 Minuten Gehzeit

Dampfnudeln mit Mohn und Vanillesauce

Jedes Jahr freue ich mich auf den Bad Wimpfener Weihnachtsmarkt und meine heiß geliebten Dampfnudeln. Aber da ich nicht nur einmal im Jahr Appetit auf Dampfnudeln habe, werden sie eben einfach selbst gemacht. Sehr zur Freude aller Familienmitglieder!

Für 4-6 Personen:
50 g Zucker
20 g Hefe
50 g Butter
500 g Mehl
200 ml lauwarme Milch
Salz
1 Ei
8 EL Dampfmohn
2 EL geschmacksneutrales Öl

Für die Vanillesauce:
200 g Sahne
400 ml Milch
Mark von 1 Vanilleschote
50 g Zucker
4 Eigelbe

Und so geht's:
Zucker in eine Tasse geben, die Hefe hineinbröckeln und mit dem Zucker vermischen. 5 Minuten stehen lassen. Butter bei niedriger Temperatur schmelzen und abkühlen lassen.

Mehl in eine Schüssel sieben. Lauwarme Milch, abgekühlte Butter, 1 Prise Salz, Ei und Hefegemisch zum Mehl geben und alles gut durchkneten. Den Teig an einem warmen Ort 45 Minuten gehen lassen. Teig nochmal durchkneten und in 8 gleich große Stücke teilen. Teig zu Kugeln formen und zugedeckt weitere 20 Minuten ruhen lassen.

150 ml Salzwasser mit 2 EL Öl in einem großen Topf oder einer hohen Pfanne (ca. 30 cm Durchmesser) aufkochen. Dampfnudeln in den Topf setzen, Deckel aufsetzen und nochmal kurz aufkochen. Die Hitze reduzieren und die Dampfnudeln bei kleiner Hitze ca. 20-25 Minuten garen.

In dieser Zeit darf der Deckel nicht geöffnet werden, sonst fallen die Dampfnudeln zusammen! Sie sind fertig, wenn die Flüssigkeit eingekocht ist und sie unten eine Kruste bekommen haben. (Das hört man am Knistern.) Den Topf vom Herd nehmen und den Deckel vorsichtig abnehmen.

Für die Vanillesauce Sahne, Milch, Vanillemark und Zucker aufkochen. Eigelbe in einer Rührschüssel verquirlen und die heiße Vanillesahne vorsichtig unterrühren. Über dem Wasserbad sämig aufschlagen und etwas abkühlen lassen. Dampfnudeln mit Dampfmohn bestreuen und mit der Vanillesauce servieren.

VARIANTE:

Mit Pflaumenmus und Mandelbutter:
Die Dampfnudeln je mit 1 EL Pflaumenmus füllen. Dadurch schmecken sie noch saftiger und erhalten eine fruchtige Note. Für Mandelbutter 80 g Butter in einer Pfanne schmelzen. 3 EL gehobelte Mandeln und 1 EL Semmelbrösel zugeben und bei schwacher Hitze goldbraun braten.

gelingt leicht · mögen Kinder gerne

Zubereitungszeit: ca. 40 Minuten

Grießschnitten mit Beerensauce

Bei uns gab es Grießschnitten oft mit Apfelmus und natürlich einer guten Prise Zimt. Ein wunderbares, süßes Hauptgericht oder ein Dessert für alle Schleckermäuler.

Für 4 Personen:
500 ml Milch
120 g Weichweizengrieß
1 TL abgeriebene Zitronenschale
2 EL Zucker
1 Päckchen Bourbon-Vanillezucker
2 Eier
1 Prise Salz
Butter zum Fetten und Braten
Zimtzucker
Puderzucker zum Bestäuben
Minzeblättchen

Für die Beerensauce:
500 g gemischte Beeren
400 ml Kirsch- oder Johannisbeersaft
2–4 EL Zucker
2 EL Vanillepuddingpulver oder Speisestärke
5 EL kaltes Wasser

Und so geht's:

Für die Grießschnitten Milch in einem Topf aufkochen. Grieß und Zitrusabrieb zugeben und unter ständigem Rühren gute 2 Minuten kochen lassen. Zucker und Vanillezucker zugeben und etwas abkühlen lassen. Eier trennen, Eigelbe unter die Grießmasse rühren. Eiweiße mit Salz steif schlagen und unter den Grießbrei rühren. Masse auf ein gefettetes Backblech geben und mit einem nassen Messer glatt streichen.

Die Beeren waschen und verlesen. Saft mit 2 EL Zucker aufkochen. Vanillepuddingpulver oder Speisestärke mit 5 EL kaltem Wasser klümpchenfrei verrühren, zum Saft geben, mit einem Schneebesen unterschlagen und kurz aufkochen lassen. Die Beeren hinzufügen und evtl. mit etwas Zucker nachsüßen.

Den erkalteten Grießbrei mit einem Messer in Rechtecke, Vierecke oder Rauten schneiden. Etwas Butter in einer Pfanne erhitzen und die Grießschnitten darin von beiden Seiten goldbraun anbraten. Danach in Zimtzucker wenden und mit der Beerensauce servieren. Evtl. mit Puderzucker bestäuben und mit Minzeblättchen verzieren.

Variante mit Birnen-Holunder-Sauce:
2 kleine Birnen schälen, vierteln und Kerngehäuse entfernen. Birnen in Spalten schneiden. 400 ml Holundersaft mit 4 EL Zucker aufkochen und die Birnenspalten darin ca. 4 Minuten weich kochen. Birnenspalten vorsichtig aus dem Saft herausnehmen. 2 EL Vanillepuddingpulver oder Speisestärke mit 5 EL Wasser verrühren, mit einem Schneebesen unter den Saft rühren und kurz aufkochen. Birnenspalten wieder in die Sauce geben und mit den Grießschnitten servieren.

MEIN TIPP:

Sie können den Grießbrei auch schon einen Tag zuvor zubereiten und diesen auf einem Blech glatt streichen. So wird der Grießbrei kompakter und lässt sich am nächsten Tag noch besser in Scheiben schneiden.

braucht etwas Zeit · mögen Kinder gerne · aus eins mach zwei Seite 90/91

Zubereitungszeit:
ca. 45 Minuten +
1½ Stunden Gehzeit

Hefezopf

Vor allem am Wochenende, wenn man viel Zeit zum Frühstücken hat, darf ein frischer Hefezopf nicht fehlen. Außerdem ist Hefeteig auf alle Fälle eine Garantie für echten Seelenschmeichler und für eine herrlich duftende Wohnung mit ganz viel Wärme und Wohlgefühl im Bauch.

Für 1 Hefezopf:

500 g Mehl Type 550
60 g Zucker
1 Würfel Hefe
220 ml Milch
(auf ca. 37 °C erwärmt)
80 g geschmolzene Butter
1 gute Prise Salz
1 Ei
etwas abgeriebene
Zitronenschale

Außerdem:

1 Eigelb
2 EL Sahne
Hagelzucker und Mandelstifte
zum Bestreuen

Und so geht's:

Das Mehl in eine Schüssel sieben. Zucker in eine Tasse geben, die Hefe hineinbröckeln und mit dem Zucker vermischen. 5 Minuten stehen lassen, bis die Mischung flüssig wird.

Milch, Butter, Ei, Salz, Zitrusabrieb und die flüssig gewordene Hefe-Zucker-Mischung zum Mehl geben und alles mit den Knethaken des Rührgeräts ca. 4 Minuten zu einem geschmeidigen Hefeteig verkneten. Falls der Teig zu klebrig sein sollte, 1-2 EL Mehl unterrühren. Den Teig mit einem Tuch zudecken und 1 Stunde an einem warmen Ort gehen lassen.

Den Teig nach der Gehzeit in 3 gleich große Portionen teilen, diese zu langen Strängen formen und zu einem Zopf flechten. Den Hefezopf auf ein mit Backpapier ausgelegtes Blech legen, mit einem Tuch zudecken und weitere 30 Minuten gehen lassen. Den Backofen auf 170 °C (Ober- und Unterhitze) vorheizen.

Eigelb und Sahne in einer Schüssel vermischen und den Hefezopf damit bestreichen. Hagelzucker und Mandelstifte auf den Zopf streuen und den Hefezopf im Backofen ca. 30 Minuten backen.

Variante mit Tonkabohne:
Wenn Sie ein leicht vanilliges und marzipanähnliches Aroma mögen, empfehle ich eine halbe, fein geriebene Tonkabohne in den Teig unterzurühren. Und wenn Sie Ihren Hefezopf gerne mit Rosinen essen, fügen Sie dem Teig noch 80 g Rosinen hinzu.

GEHT AUCH VEGAN

Milch durch vegane Milch ersetzen und anstatt Butter Margarine verwenden. Das Ei weglassen. Vor dem Backen nur mit veganer Sahne bestreichen.

gelingt leicht · mögen Kinder gerne

Zubereitungszeit:
ca. 40 Minuten +
30 Minuten Kühlzeit

Rahmkuchen

Kennen Sie das auch: Sie kaufen immer wieder ihren Lieblingskuchen beim Bäcker, haben es aber nie geschafft, den Kuchen zu Hause genauso gut nachzubacken? So erging es mir mit diesem Rahmkuchen. Bis mir eine liebe Arbeitskollegin das Rezept ihrer Mutter gab.

Für 1 Springform (Ø 26-28 cm):
250 g Mehl
120 g Butter
80 g Zucker
1 Ei
1 Prise Salz

Für die Füllung:
400 g Schmand
200 g Sahne
1 Päckchen Vanillepuddingpulver
100 g Zucker
2 Päckchen Bourbon-Vanillezucker
3 Eier

Außerdem:
2 EL Zucker
1 TL Zimt

Und so geht's:
Mehl, Butter, Zucker, Ei und Salz zu einem Mürbeteig verarbeiten. Teig in Frischhaltefolie wickeln und ca. 30 Minuten im Kühlschrank kühl stellen. Den Backofen auf 160 °C (Umluft) vorheizen.

Für die Füllung Schmand, Sahne, Vanillepuddingpulver, Zucker, Vanillezucker und Eier mit einem Schneebesen vermischen. Den Mürbeteig aus dem Kühlschrank nehmen und auf einer bemehlten Arbeitsfläche ausrollen. In eine gefettete Springform legen und dabei einen ca. 2 cm hohen Rand hochziehen.

Die Schmand-Sahne-Mischung auf dem Teig verteilen und den Kuchen im Backofen 45-50 Minuten backen.

Zucker und Zimt vermischen, den noch warmen Kuchen damit bestreuen und anschließend vollständig abkühlen lassen.

Variante als Apfel-Rahm-Kuchen:
Der Kuchen schmeckt auch sehr lecker als Apfel-Rahm-Kuchen. Dafür 3-4 Äpfel schälen, vierteln und die Kerngehäuse entfernen. Äpfel in dünne Spalten schneiden, auf den Mürbeteig legen und mit dem Guss bedecken. Die Backtemperatur und -zeit bleiben gleich.

braucht etwas Zeit · gelingt leicht · mögen Kinder gerne

Zubereitungszeit:
ca. 50 Minuten
+ 45 Minuten
Gehzeit

Zwetschgendatschi

Ein Klassiker im Spätsommer und Herbst ist dieser Zwetschgenkuchen mit Hefeteig. Ein luftig-leichter Teig, der garantiert gelingt und auch recht schnell gemacht ist. Mit einem Klecks Sahne ist dieser Kuchen bei uns immer wieder ein gern gesehener Begleiter zum Nachmittagskaffee.

Für 1 Blech:
90 g Butter
500 g Mehl Type 550
100 g Zucker
½ Würfel frische Hefe
200 ml lauwarme Milch (37 °C)
1 Ei
1 Päckchen Bourbon-Vanillezucker
1 gute Prise Salz
1,5 kg Pflaumen
etwas Zucker zum Bestreuen
100 g gehobelte Mandeln

Für die Streusel (falls gewünscht):
200 g Mehl
100 g Zucker
1 Päckchen Vanillezucker
120 g Butter
1 kleine Prise Zimt

Geht auch vegan
Milch durch vegane Milch ersetzen und anstelle von Butter Margarine verwenden. Das Ei im Teig weglassen.

Und so geht's:
Die Butter bei niedriger Temperatur schmelzen und etwas abkühlen lassen. Das Mehl in eine große Rührschüssel sieben.

Zucker in eine Tasse geben, die Hefe hineinbröckeln und mit dem Zucker vermischen. 5 Minuten stehen lassen, bis die Mischung flüssig wird. Milch, Ei, Vanillezucker, Salz, abgekühlte Butter und Hefe-Zucker-Gemisch zum Mehl geben und mit den Knethaken des Handrührgeräts ca. 5 Minuten kneten. Den Teig zugedeckt an einem warmen Ort ca. 45 Minuten gehen lassen. (Das funktioniert auch im Backofen: Dafür den Backofen auf 40 °C vorheizen, ausschalten und den zugedeckten Hefeteig darin gehen lassen. Der Teig geht perfekt auf.)

Die Zwetschgen waschen, entkernen und halbieren. Oder die Zwetschgen nur halb aufschneiden, sodass Sie diese aufklappen können. Das sieht noch schöner aus, als wenn der Teig mit Zwetschgenhälften belegt ist.

Für die Streusel Mehl mit Butter, Zucker, Vanillezucker und Zimt rasch verkneten und zu Streuseln zerbröseln.

Den Backofen auf 160 °C (Ober- und Unterhitze) vorheizen. Hefeteig nochmal kurz durchkneten und auf einer bemehlten Arbeitsfläche auf die Größe des Bleches ausrollen und auf ein mit Backpapier belegtes Backblech legen. Den Hefeteig mit den Zwetschgen belegen (die aufgeschnittenen Seiten nach oben). Mit Streuseln und Mandeln bestreuen und im Backofen ca. 30 Minuten backen.

MEIN TIPP:

Falls etwas übrig bleiben sollte, kann der Kuchen in einer Plastikdose oder einer Gefriertüte verpackt eingefroren werden und falls sich Besuch ankündigt, wieder aufgetaut werden. Genauso gut können Zwetschgen durch 1,5 kg Äpfel ersetzt werden. Oder falls Sie sich nicht entscheiden können, machen Sich doch ein halbes Blech mit Zwetschgen und die andere Hälfte mit Äpfeln. Dann ist auch garantiert für jeden Geschmack etwas dabei.

gelingt leicht | super für to go | mögen Kinder gerne

Zubereitungszeit: ca. 40 Minuten

Flachswickel

Dieses Gebäck sieht man nur noch selten in unseren Bäckereien. Mich versetzen Flachswickel immer zurück in meine Schulzeit: Da huschte ich noch schnell vor Unterrichtsbeginn in meine Lieblingsbäckerei, um mir einen oder auch zwei Flachswickel und einen Kakao zu holen.

Für ca. 20 Stück:
½ Würfel Hefe
150 ml lauwarme Milch
500 g Mehl Type 550
2 Eier
1 TL abgeriebene Zitronenschale
1 Prise Salz
1 TL Zucker
180 g weiche Butter
Milch zum Bestreichen
100 g Hagelzucker

Und so geht's:
Hefe in die lauwarme Milch hineinbröckeln und auflösen. Mehl in eine Schüssel sieben. Hefemilch, Eier, Zitrusabrieb, Salz, Zucker und weiche Butter zugeben und zu einem Teig verkneten. Den Backofen auf 160 °C (Umluft) vorheizen.

Den Teig in ca. 20 gleich große Stücke teilen. Jedes Teigstück jeweils zu einer etwa 20 cm langen und fingerdicken Rolle formen. Diese von der Mitte aus zu Schleifen schlingen und ineinanderdrehen. Die Flachswickel nicht zu dicht nebeneinander auf ein mit Backpapier belegtes Backblech setzen. Flachswickel mit Milch bestreichen und mit Hagelzucker bestreuen.

Die Flachswickel im Backofen 15-18 Minuten goldgelb backen und anschließend vollständig abkühlen lassen.

Salzige Flachswickel:
Dieses Gebäck kann man auch in der salzigen Variante zubereiten. Die Zitronenschale und den Zucker weglassen, dafür 1 TL Salz in den Teig geben. Zum Bestreuen eignet sich grobes Meersalz oder aber auch Sesam, Leinsamen oder Kümmel.

braucht etwas Zeit · gelingt leicht

Zubereitungszeit:
ca. 50 Minuten +
30 Minuten Kühlzeit

Träubleskuchen mit Baiser

Der Träubleskuchen ist der schwäbische Sommerklassiker schlechthin. Ich mag die Kombination aus säuerlichen Johannisbeeren und der süßen Baisermasse sehr gerne. Außerdem ist er im Hochsommer schön gekühlt aus dem Kühlschrank eine wunderbare Erfrischung.

Für 1 Springform (Ø 26-28 cm):
250 g Mehl
80 g Zucker
1 Prise Salz
1 Ei
130 g kalte Butter
Butter für die Form
getrocknete Hülsenfrüchte zum Blindbacken

Für die Füllung:
500 g rote Johannisbeeren
6 Eiweiß
1 Prise Salz
200 g Zucker
2 EL Speisestärke

Und so geht's:
Mehl, Zucker, Salz, Ei und Butter verkneten. Den Teig in Frischhaltefolie wickeln und im Kühlschrank ca. 30 Minuten kühl stellen. Den Backofen auf 160 °C (Umluft) vorheizen.

Eine Springform mit Butter einfetten. Den Teig auf einer bemehlten Arbeitsfläche ausrollen und die Springform damit auslegen, dabei einen ca. 3 cm hohen Rand hochziehen. Teig mit Backpapier belegen und mit Hülsenfrüchten bedecken. Den Teig im Backofen 20 Minuten vorbacken, anschließend aus dem Ofen nehmen und Hülsenfrüchte und Papier wieder entfernen.

Johannisbeeren waschen, zupfen, verlesen und vorsichtig trockentupfen. Eiweiß mit Salz steif schlagen, den Zucker einrieseln lassen und sehr steif schlagen. Dann die Speisestärke unterrühren. 4 EL der Baisermasse beiseitestellen.

Johannisbeeren vorsichtig unter die Baisermasse heben und auf den Mürbeteigboden streichen. Den restlichen Baiser darauf streichen und im Backofen 45 Minuten bei gleicher Temperatur backen, bis die Baisermasse schön fest ist. Den Kuchen evtl. mit Backpapier abdecken, falls der Baiser zu dunkel wird.

gelingt leicht

Zubereitungszeit:
ca. 25 Minuten

Trollinger Rührkuchen mit und ohne Alkohol

Dieser saftig-luftige Rührkuchen ist schnell zusammengerührt und bei uns Erwachsenen genauso beliebt wie bei Kindern – dann in der alkoholfreien Variante. Außerdem lässt er sich ganz einfach zu einem Glühweinkuchen umwandeln, indem man den Wein durch Glühwein ersetzt.

Für 1 Kastenform (25 cm) oder 1 Gugelhupfform:

200 g weiche Butter
180 g Zucker
1 Päckchen Bourbon-Vanillezucker
4 Eier
1 Prise Salz
100 g Zartbitterschokolade
300 g Mehl
1 TL Backpulver
1 EL Kakaopulver
1 gute Prise Zimtpulver
130 ml Trollinger Wein
Butter für die Form

Für den Guss:

150 g Puderzucker
2-3 EL Trollinger Wein

Und so geht's:

Butter, Zucker und Vanillezucker schaumig schlagen. Eier trennen und die Eigelbe nach und nach unterrühren. Eiweiß mit dem Salz steif schlagen.

Den Backofen auf 160 °C (Umluft) vorheizen. Zartbitterschokolade in kleine Stücke hacken. Eine Kastenform oder Gugelhupfform mit Butter einfetten und mit Mehl bestäuben.

Mehl, Backpulver, Kakaopulver und Zimt mischen und sieben. Die Mischung im Wechsel mit dem Wein unter die Ei-Butter-Masse rühren. Eiweiß und Schokoladenstückchen unterheben, den Teig in die vorbereitete Form füllen und im Backofen 50-60 Minuten backen.

Den Kuchen aus dem Backofen nehmen, 20 Minuten in der Form ruhen lassen und vorsichtig stürzen.

Für den Guss Puderzucker mit dem Wein verrühren und Kuchen damit bepinseln.

Alkoholfreie Variante:
Anstelle von Wein nehmen Sie 130 ml roten Traubensaft, dafür aber 40 g weniger Zucker – so können auch Kinder den Kuchen genießen.

MEIN TIPP:

Sie können auch Puderzucker auf den Kuchen sieben oder den Kuchen mit 80 g Ihrer Lieblingskuvertüre überziehen. Zur Weihnachtszeit verträgt der Kuchen auch ruhig etwas mehr Zimt!

braucht etwas Zeit mögen Kinder gerne

Zubereitungszeit:
ca. 35 Minuten +
65 Minuten Gehzeit

Nuss-Hefekranz

Früher gab es diesen Hefekranz bei meinen Großeltern ganz oft, weil die vielen Walnüsse, die mein Opa im Garten hatte, weiterverarbeitet werden mussten. Der Nusskranz war immer ratzfatz weg, sodass bald wieder ein neuer gebacken werden musste, weil er so köstlich ist.

Für 1 Springform (ø 28-30 cm) mit Rohrbodeneinsatz:

60 g Zucker
1 Würfel frische Hefe
70 g Butter
500 g Mehl
150 ml Milch
(auf ca. 37 °C erwärmt)
1 Ei
1 Prise Salz
Butter für die Form

Für die Füllung:

100 g Marzipan-Rohmasse
200 g gemahlene Walnüsse
100 g Sahne
1 Päckchen Bourbon-Vanillezucker
40 g Zucker
1 Ei

Zum Bestreichen:

3 EL Aprikosenkonfitüre
1-2 EL Hagelzucker
2 EL geröstete Mandelstifte

Und so geht's:

Zucker in eine Tasse geben, die Hefe hineinbröckeln und mit dem Zucker vermischen. 5 Minuten stehen lassen, bis die Mischung flüssig wird.

Die Butter bei niedriger Temperatur schmelzen und abkühlen lassen. Mehl in eine große Schüssel geben. Butter, Milch, das Zucker-Hefe-Gemisch, Ei und Salz zum Mehl geben und alles mit den Knethaken des Handrührgeräts gründlich verkneten. Den Teig zugedeckt ca. 45 Minuten gehen lassen.

Für die Füllung Marzipan grob reiben. Marzipanraspel, Walnüsse, Sahne, Vanillezucker, Zucker und das Ei verrühren. Eine Springform mit Rohrbodeneinsatz einfetten.

Den Hefeteig nochmals durchkneten und auf der mit Mehl bestäubten Arbeitsfläche (ca. 35 x 50 cm) ausrollen. Die Nussfüllung auf den Teig streichen und von der langen Seite her aufrollen. Rolle mit der Naht nach unten in die Form legen, die Enden zusammendrücken und zugedeckt weitere 20 Minuten gehen lassen. Den Backofen auf 170 °C (Ober- und Unterhitze) vorheizen.

Den Nuss-Hefekranz im Backofen ca. 35 Minuten backen. Herausnehmen, ca. 20 Minuten abkühlen lassen und dann aus der Form nehmen.

Aprikosenkonfitüre erhitzen und evtl. durch ein Sieb streichen. Den Kranz damit einstreichen und mit Hagelzucker und den Mandelstiften bestreuen.

MEIN TIPP:

Anstelle von Walnüssen können Sie auch die gleiche Menge gemahlene Haselnüsse oder Mandeln verwenden. Oder Sie machen eine Mischung aus allen Nüssen.

Süßes Happy End – das Dessert

Auch wenn unser Hunger schon gestillt ist – ein kleines Dessert passt immer noch rein. Es ist die Krönung eines jeden Menüs, auf das sich garantiert jeder freut. Wer kann schon Pfitzauf, Apfelküchle oder Nonnenfürzle widerstehen …?

gelingt leicht · mögen Kinder gerne

Zubereitungszeit: ca. 1 Stunde + 30 Minuten Kühlzeit

Apfel-Krokant-Becher

Hier sind alle Nachtischattribute vereint – fruchtig, cremig und knusprig. Ein Dessert, das bei uns nicht nur die Kinder begeistert. Da kann sicherlich keine Naschkatze wiederstehen.

Für 4 Personen:
800 g Äpfel
30 g Zucker
2 Päckchen Bourbon-Vanillezucker
1 Prise Zimtpulver
6 EL Wasser oder Apfelsaft

Für den Krokant:
40 g Mandelstifte
40 g gehackte Haselnüsse
50 g Zucker

Für die Creme:
200 g Sahne
300 g Quark (20 % Fett)
40 g Zucker
1 Päckchen Bourbon-Vanillezucker
1 EL Zitronensaft
Baiser und frische Minze zum Verzieren

Geht auch vegan
Sahne durch vegane eisgekühlte Sahne ersetzen und mit 2 Päckchen Sahnesteif steif schlagen und anstelle von Quark veganen Quark oder veganen Joghurt verwenden.

Und so geht's:
Für das Apfelmus Äpfel schälen, entkernen, vierteln und in Würfel schneiden. Äpfel, Zucker, Vanillezucker, Zimt und Wasser oder Apfelsaft zum Kochen bringen und bei mittlerer Hitze ca. 5-7 Minuten garen. Dabei ab und zu umrühren, damit nichts anbrennt. Apfelmus komplett abkühlen lassen.

Für den Krokant Mandelstifte und Haselnüsse in einer beschichteten Pfanne ohne Öl anrösten. Mit Zucker bestreuen und hellbraun karamellisieren lassen. Krokant auf Backpapier verteilen und auskühlen lassen. Danach in Stücke brechen oder mit einem Messer klein hacken.

Für die Creme die Sahne steif schlagen. Quark, Zucker, Vanillezucker und Zitronensaft verrühren. Dann die Sahne unterheben. Creme abwechselnd mit Apfelmus und Krokant in Gläser schichten und mindestens 30 Minuten kühl stellen. Mit frischer Minze und Baiser verzieren.

Variante mit Birnenmus:
Für Birnenmus braucht man 800 g reife Birnen, 50 g Zucker, 6 EL Birnensaft oder Wasser, 1 Prise Zimtpulver, 2 Nelken und 1 Prise Ingwerpulver.

MEIN TIPP:

Wenn's mal schnell gehen muss – einfach fertiges Apfel- oder Birnenmus verwenden.

gelingt leicht

Zubereitungszeit:
ca. 45 Minuten

Pfitzauf mit Kirschkompott

Das „schwäbische Soufflé" wird aus ganz einfachen Zutaten hergestellt und ist sowohl als Dessert als auch zum Kaffee geeignet. Traditionell wird es in speziellen Förmchen aus glasiertem Ton gebacken. Pfitzauf gelingt aber auch in Tassen, Schälchen oder in einer Muffinform.

Für 12 Stück:
100 g Butter
300 g Mehl
80 g Zucker
4 Eier
½ l Milch
1 TL abgeriebene Zitronenschale
1 Prise Salz
Butter für die Form
Puderzucker zum Bestäuben

Für das Kirschkompott:
1 Glas (720 ml) Kirschen
1 Vanilleschote
1 Zimtstange
1 EL Speisestärke
4 EL Wasser
2 EL Zucker

Und so geht's:
Den Backofen auf 175 Grad (Umluft) vorheizen und die Förmchen (oder kleine Schälchen/Tassen) im Ofen miterhitzen. Butter schmelzen und die Milch lauwarm erwärmen. Pfitzaufförmchen aus dem Ofen nehmen und gründlich mit Butter einfetten.

Mehl, Zucker, Eier, geschmolzene Butter, Milch, Zitrusabrieb und Salz kräftig verschlagen. Die gebutterten Förmchen mit Teig füllen und im vorgeheizten Backofen ca. 30 Min. backen. Anschließend Pfitzauf bei geöffneter Ofentür 5 Minuten ruhen lassen, damit sie nicht in sich zusammensacken.

Für das Kompott die Kirschen abgießen und gut abtropfen lassen. Den Saft dabei auffangen. Vanilleschote längs einritzen und das Mark auskratzen. Vanilleschote und -mark, aufgefangenen Kirschsaft und Zimtstange in einen Topf geben und langsam aufkochen. Speisestärke mit 4 EL Wasser klümpchenfrei verrühren. Vanilleschote und Zimtstange entfernen. Topf vom Herd nehmen, angerührte Stärke einrühren und unter Rühren ca. 1 Minute köcheln lassen. 2 EL Zucker und die Kirschen untermischen.

Pfitzauf aus der Form lösen und vorsichtig stürzen. Mit Puderzucker bestäuben und heiß mit dem Kirschkompott servieren.

MEIN TIPP:

Sie können Pfitzauf außerdem mit Schlagsahne servieren. Und wenn Sie es etwas knuspriger mögen, den Pfitzauf einfach 35-40 Minuten backen. Er fällt dann nicht so schnell zusammen und ist außen etwas härter und knuspriger.

braucht etwas Zeit

Zubereitungszeit:
ca. 1 Stunde +
5 Stunden Kühlzeit

Apfel-Terrine auf Rhabarber-Himbeer-Kompott

Diese Apfel-Terrine durfte ich vor Jahren bei einem Restaurantbesuch genießen. Es ist ein dekoratives Dessert in Kastenform, das sommerlich-frisch schmeckt, sich schon am Vortag vorbereiten lässt und sehr gut für Gäste geeignet ist.

Für 1 Terrine (1 Liter):
300 g rote Äpfel
1 EL Butter
1 TL brauner Zucker
1 Prise Zimt
Mark von 1 Vanilleschote
1 Beutel Agar Agar (für 500 ml Flüssigkeit)
200 g Sahne
2 EL Zucker
150 g Apfelmus
200 g Crème fraîche

Für das Kompott:
2 Stangen Rhabarber
70 ml Wasser + 5 EL
3 EL Zucker
50 ml Kirsch- oder Johannisbeersaft
1 Päckchen Bourbon-Vanillezucker
1 EL Speisestärke oder Vanillepuddingpulver
250 g frische Himbeeren (oder aufgetaute TK-Himbeeren)

Außerdem:
Minzeblättchen
Schokowaffelröllchen
einige Himbeeren

Und so geht's:

Äpfel waschen, vierteln, entkernen und in 1 cm große Würfel schneiden. Äpfel in heißer Butter anbraten, mit braunem Zucker bestreuen und karamellisieren lassen. Zimt und Vanillemark dazugeben und etwas abkühlen lassen.

Sahne mit Zucker steif schlagen. Agar Agar mit 50 ml Wasser in einem Topf verrühren und 2 Minuten aufkochen. Apfelmus und Crème fraîche dazu geben und alles gut verrühren. Masse in eine Schüssel umfüllen und sobald diese nicht mehr warm ist, Sahne und Apfelstücke unterheben.

Eine Terrinenform oder eine Kastenform mit Frischhaltefolie auslegen. Apfelmasse hineinfüllen und mit Frischhaltefolie abdecken. Im Kühlschrank 4-5 Stunden (am besten über Nacht) fest werden lassen.

Rhabarber putzen, in ca. 1 cm dünne Scheiben schneiden, mit 1 EL Zucker vermischen und ca. 20 Minuten ziehen lassen. Restlichen Zucker goldbraun karamellisieren lassen und mit Saft ablöschen. Rhabarber, 70 ml Wasser und Vanillezucker zugeben und zugedeckt 2-3 Minuten bissfest garen. Speisestärke mit 5 EL Wasser verrühren, zugeben und kurz aufkochen.

Himbeeren waschen, unterheben und abkühlen lassen. Kompott auf Tellern verteilen. Terrine in Scheiben schneiden und 2-3 Scheiben daraufsetzen. Mit Minzeblättchen, Schokowaffeln und Himbeeren garnieren.

gelingt leicht

Zubereitungszeit:
ca. 40 Minuten +
3 Stunden Kühlzeit

Weinschaumcreme auf Weintraubengelee

Gerade wenn wir Gäste im Haus haben und ich ein leckeres Menü zaubere, muss es hinterher etwas Süßes geben. Ich persônlich liebe leichte Desserts. Mit diesem erfrischendem Nachtisch ergattern Sie bei Ihren Gästen garantiert noch ein paar Extrapunkte.

Für 4 Personen:

250 g grüne und blaue Trauben
500 ml heller Traubensaft
1 Beutel Agar Agar (für 500 ml Flüssigkeit)
1 EL Zitronensaft
80 g Zucker

Für die Weinschaumcreme:

500 ml Weißwein
4 EL Zucker
3 Eier
1 EL Vanillepuddingpulver

Und so geht's:

Trauben waschen, trockentupfen, halbieren und entkernen.

Traubensaft, Agar Agar und Zitronensaft in einem Topf verrühren, erwärmen und 2 Minuten köcheln lassen.

Dann die Trauben untermischen und auf 4 Gläser verteilen. Weintraubengelee im Kühlschrank mindestens 3 Stunden fest werden lassen.

Für die Weinschaum-Creme die Eier trennen und die Eigelbe mit 3 EL Zucker über dem Wasserbad schaumig schlagen und langsam 350 ml Weißwein dazugeben – vorsichtig warm werden lassen, bis das Eigelb abbindet. Den Rest des Weines mit 1 EL Zucker und dem Vanille-Pudding aufkochen. Diese Masse dem vorher geschlagenen Weinschaum hinzugeben und nochmal schaumig aufquirlen. Das Eiweiß zu Schnee schlagen und darunter heben.

Die Weincreme auf dem Gelee verteilen und bis zum Servieren in den Kühlschrank stellen.

Nach Geschmack mit ein paar Weintrauben und Zitronenmelisse-blättchen verzieren.

MEIN TIPP:

Da nicht nur Erwachsene gerne Weintraubengelee essen, passt bei Kindern anstelle der Weinschaumcreme eine kalte Vanillesauce gut dazu.
Noch schneller geht es, wenn Sie das Gelee schon einen Tag vorher zubereiten und die Weinschaumcreme erst kurz vor dem Servieren herstellen.

gelingt leicht — mögen Kinder gerne

Zubereitungszeit:
ca. 1 Stunde

Apfelküchle mit Mandel-Kokos-Krokant & Marzipansauce

Als ich ein Kind war, gab es vor den Apfelküchle immer eine Brühe oder einen Eintopf. Ich war oft die Erste, die ihren Suppenteller ausgelöffelt hatte und die Einzige, die keinen Nachschlag mehr mochte, weil ich noch viel Platz für meine geliebten Apfelküchle lassen musste.

Für 4 Personen:
40 g Mandeln
30 g Kokosraspeln
1 EL Zucker
1 EL Wasser

Für die Marzipansauce:
150 Marzipanrohmasse
200 g Sahne
1 Päckchen Bourbon-Vanillezucker

Für die Apfelküchlein:
1 Ei
5 EL Mehl
50 ml Milch
1 Prise Salz
1 EL Zucker
2-3 kleine, säuerliche Äpfel
Butterschmalz zum Ausbacken

Und so geht's:
Für das Krokant die Mandeln mit einem großen Messer fein hacken. Kokosraspeln und Mandeln in einer beschichteten Pfanne ohne Fett goldbraun rösten. Zucker und Wasser hinzufügen und unter Rühren karamellisieren lassen. Krokant auf Backpapier geben und abkühlen lassen. Abgekühlten Krokant mit den Fingern zerbröckeln oder mit einem Messer klein schneiden.

Für die Sauce Marzipan fein hobeln und mit der Sahne in einem Topf unter ständigem Rühren aufkochen, zum Schluss Vanillezucker unterrühren. Sauce mit dem Stabmixer schaumig aufschlagen.

Für die Apfelküchle Ei und Mehl mit einem Schneebesen verrühren. Milch, Salz und Zucker zügig mit dem Schneebesen unterrühren, bis ein glatter Teig entstanden ist. Äpfel schälen und Kerngehäuse entfernen. Äpfel in Scheiben schneiden und untermischen.

Etwas Butterschmalz in einer beschichteten Pfanne erhitzen, jeweils eine kleine Kelle Teig hineingeben und die Apfelküchle darin von beiden Seiten goldbraun anbraten.

Zum Servieren die Apfelküchle mit Marzipansauce und Krokant auf Tellern anrichten.

Die Marzipansauce hält sich bis zu 3 Tage im Kühlschrank und lässt sich gut wieder aufwärmen. Alternativ passt auch Vanillesauce oder eine Kugel Vanilleeis.

MEIN TIPP:

Am besten eignen sich säuerliche Sorten wie Boskop, Cox Orange oder Elstar.

braucht etwas Zeit · mögen Kinder gerne

Zubereitungszeit:
ca. 1 Stunde

Nonnenfürzle mit Zimtzucker und Vanilleeis

Nonnenfürzle sind nichts anderes als ein feines Gebäck, das aus einem Brandteig besteht und in Fett ausgebacken wird. Bei uns im Schwabenland finden wir sie oft beim Bäcker zur Fastnachtszeit oder wir servieren sie als Dessert mit einer Kugel Vanilleeis.

Für 4 Personen:

1 Vanilleschote
300 g Sahne
200 ml Vollmilch
3 Eigelbe
100 g Zucker

Für die Nonnenfürzle:

250 ml Milch
1 Prise Salz
1 EL Zucker
1 Päckchen Bourbon-Vanillezucker
60 g Butter
140 g Mehl
1 TL Backpulver
3 Eier (Größe M)
1 kg Pflanzenfett zum Ausbacken

Außerdem:

1 EL Zimt
4 EL Zucker

Und so geht's:

Für das Eis die Vanilleschote aufschlitzen und das Mark herauskratzen. Sahne, Milch, Vanilleschote und -mark in einem Topf aufkochen und vom Herd nehmen.

Eigelbe mit Zucker in einer Schüssel schaumig schlagen. Die heiße Sahne-Milch-Mischung langsam unter ständigem Rühren zur Eimasse gießen, wieder in den Topf füllen und unter Rühren auf 80 °C erhitzen, bis die Masse andickt. In eine Schüssel umfüllen und die Vanilleschote entfernen. Die Masse auf Kühlschranktemperatur abkühlen lassen, in die Eismaschine geben und zu Eis verarbeiten.

Für die Nonnenfürzle Milch, Salz, Zucker, Vanillezucker und Butter in einem Topf aufkochen. Topf vom Herd nehmen und sofort das Mehl und das Backpulver hineinsieben. Rühren, bis der Teig zu einem Kloß wird und sich auf dem Topfboden eine weiße Schicht bildet. Den Teig in eine Schüssel umfüllen, etwas abkühlen lassen und mit dem Handrührgerät die Eier einzeln unterrühren.

Pflanzenfett in einem großen Topf auf ca. 180 °C erhitzen. Mit einem Teelöffel aus dem Teig Kugeln abstechen und in das heiße Fett geben. 2-3 Minuten goldgelb ausbacken, wenden und dann auf Küchenpapier setzen.

Zimt und Zucker mischen und die noch warmen Nonnenfürzle darin wenden. Auf Tellern mit Vanilleeis anrichten.

MEIN TIPP:

Falls Sie keine Eismaschine haben, einfach die erkaltete Eismasse in eine gefrierfähige Schüssel oder einen Behälter füllen und ins Gefrierfach stellen. Nach 1 Stunde mit einem Schneebesen kräftig umrühren. Nach 1 weiteren Stunde nochmal umrühren und danach komplett durchfrieren lassen.

Es freut mich ...

dass Sie das Buch in Ihren Händen halten. Ich wohne mit meinem Ehemann und meiner Tochter in der kleinen Stadt Neckarsulm im schönen Schwabenland. Hauptberuflich bin ich medizinische Fachangestellte und „nebenberuflich" ein Back- und Kochbuch auf zwei Beinen. Fragt mich jemand nach einem Rezept, habe ich sofort das Passende parat. Aus mir ist ein richtiger Koch- und Backbuch-Junkie geworden. Mir macht es riesigen Spaß, diese Bücher und Zeitschriften zu lesen, um mir neue Anregungen zu holen. Meine Leidenschaft lebe ich seit Sommer 2013 auf meinem Foodblog www.kuechenzuckerschnecke.de aus, wo ich neben kleinen und großen süßen Sünden auch viele vegetarische Gerichte vorstelle. Wie könnte es auch anders sein für eine überzeugte Vegetarierin ...

Danke

Ein ganz großes Dankeschön geht an das gesamte Team im Ulmer Verlag, vor allem an die Verlagslektorin Antje Munk, die mich in dieser Zeit begleitet hat. Danke für die tolle Zusammenarbeit! Außerdem ein ganz großes Dankeschön an die Fotografin Ludmilla Parsyak, die meine Rezepte so toll in Szene gesetzt hat.

Ein großes Danke, das von Herzen kommt, geht an meine Familie, die an mich glaubt und die während der Zeit mit Vergnügen meine neusten Kreationen probieren durfte. Und natürlich an meinen liebsten Ehemann und meiner Tochter, die mir während der Zeit, indem ich das Buch geschrieben habe, immer den Rücken freigehalten und mich fleißig unterstützt haben.

Service

Bezugsquellen

Es gibt einige Shops, die viele leckere Produkte wie Mehle, Gewürze, Öle und vegane Produkte anbieten, die ich privat auch sehr gerne benutze.

www.muehlenverkauf.de
Die Rahmer Mühle in Heilbronn bietet viele verschiedene Mehlsorten, Körner und Getreideprodukten in bester Qualität an.

www.sonnentor.com
Die Firma hat sich auf die Herstellung und Vermarktung von Naturprodukten aus biologischem Anbau spezialisiert und verkauft neben Gewürzen und Gewürzmischungen auch Tee, Kaffee und Getränke.

www.zaubergewuerze.de
Ein exquisiter Shop. Eine Gewürzmanufaktur mit Herz für Feinschmecker und alle, die gerne kochen.

www.herbaria.com
Mit der Gewürzlinie „Bio-Feinschmecker" ist Herbaria seit 2006 einer der wenigen Anbieter von Gourmet-Produkten in der Bio-Branche, die hochwertige Ernährung und hohe kulinarische Ansprüche zusammenbringen. Sie bieten eine große Auswahl an Gewürzen, Kräutern, Gewürzmischungen, Salz- und Pfeffersorten sowie eine Auswahl an Kaffee und Tee.

vantastic-foods.com
Vegane Köstlichkeiten soweit das Auge reicht. Alle angebotenen Produkte sind zu 100 % pflanzlich/vegan. Eine riesengroße Auswahl an pflanzlichen Brotaufstrichen, herzhaften Wurst-, Käse- und Fischalternativen, vegane Alternativen zur Schlagsahne, Käse, Frischkäse und Quark, vegane Mayonnaise, Tofu, Tempeh und Seitan, vegane Backwaren, vegane Schokolade und vieles mehr – das Sortiment lässt keine Wünsche offen.

shop.rapunzel.de
Ein deutsches Unternehmen, das vegetarisch biologische Produkte herstellt und vertreibt. Hier findet man z.B. Getreideprodukte, Spezialmehle, verschiedene Hülsenfrüchte, Nüsse, Müsli, verschiedene Ölsorten.

Zum Weiterlesen

Bopp, D.: Landfrauen backen. Rezepte und Geschichten aus Baden-Württemberg. Ulmer, 2020

Geiger, L.: Schwäbisch vegan. Über 50 gscheide Rezepte ausm Ländle. Ulmer, 2017

Keller, M., Gätken, E.: Vegane Kinderernährung. Gut versorgt in jeder Altersstufe. Mit über 100 Rezepten. Ulmer, 2020

Knittel, E., Maurer, R.: Spätzle, Maultaschen & Co. Schwäbische Geschichten und Rezepte. Ulmer, 2018

Schaldach, N.M.: Fingerfood - schwäbisch gut. Tapas aus dem Ländle. Ulmer, 2021

Schaldach, N.M.: Schwäbisch Crossover. Spätzle, Maultaschen & Co. einmal um die Welt. Ulmer, 2019

Schell, V.: Der Brotbackkurs. Einfach starten - Profi werden. Ulmer, 2019

Bildquellen

Alle Fotos und das Titelfoto stammen von Ludmilla Parsyak.
Die Fotos auf S. 124/125 fertigte Sven Krzyzak.

Rezepte schnell finden

Bibliografische Information der Deutschen Nationalbibliothek
Die Deutsche Nationalbibliothek verzeichnet diese Publikation in der Deutschen Nationalbibliografie; detaillierte bibliografische Daten sind im Internet über http://dnb.d-nb.de abrufbar.

Wollgrasweg 41, 70599 Stuttgart (Hohenheim)
E-Mail: info@ulmer.de
Internet: www.ulmer-verlag.de
Lektorat: Anja Fleischhauer, Antje Munk
Herstellung: Silke Reuter
Layout und Satz: Michaela Mayländer, Stuttgart
Reprodukion: time:ray, Jettingen
Druck und Bindung: Westermann Druck, Zwickau
Printed in Germany

ISBN 978-3-8186-1378-5